HARALD NEUBER (HRSG.) **DAS NEUE KUBA**

HARALD NEUBER (HRSG.)

DAS NEUE KUBA

IN BILDERN DER NACHRICHTENAGENTUR
PRENSA LATINA 1959–1969

MIT EINEM ESSAY VON MICHAEL ZEUSKE

ROTBUCH VERLAG

INHALT

Ernesto Che Guevara besucht die Räume der auf seine Initiative hin neu gegründeten Nachrichtenagentur *Prensa Latina* und lässt sich von deren Direktor Jorge Ricardo Masetti neueste Gerätschaften erklären; Havanna, Januar 1960.

VORWORT

VON HARALD NEUBER

Verehrte Leserinnen und Leser,

dieses Buch vereint einzigartige Dokumente der Zeitgeschichte. Es illustriert den gesellschaftlichen Aufbruch nach der Kubanischen Revolution 1959. Sie sehen Bilder eines epochalen Projekts, das nicht nur Kuba veränderte und die Befreiungsbewegungen in Lateinamerika, Afrika und Asien motivierte, sondern progressiven Kräften weltweit eine Inspiration war und ist. Sie sehen Fotografien, die vom Kampf der USA gegen ein Volk berichten, das entschieden hat, selbst über sein Schicksal zu entscheiden.

Dieses Buch ist gleichsam ein Schaufenster in das Archiv der kubanischen Nachrichtenagentur *Prensa Latina*. Die Fotobestände dieser Agentur, die nur wenige Monate nach dem Sturz der blutigen Batista-Diktatur 1959 ins Leben gerufen wurde, bieten einen vertrauten und persönlichen Blick auf die kubanische Realität nach der Revolution. Sie legen Zeugnis ab von den politischen Mobilisierungen, den großen Momenten der Revolution. Sie öffnen zugleich den Blick auf die persönlichen Schicksale der Gewinner und Verlierer dieses Umbruchs.

Diese Sammlung von Aufnahmen erhebt keinen wissenschaftlichen Anspruch, sie legt keinen Wert auf Vollständigkeit. Es ist eine Auswahl von Bilddokumenten aus den Jahren zwischen 1959 und 1969, die vor allem fotografischen und ästhetischen Kriterien folgt. Es sind kleine Schätze, Schmuckstücke in Schwarz-Weiß. Sie

Comandante en Jefe Fidel Castro und Francisco Valdès Portela, USA-Korrespondent der *Prensa Latina* (mit Zigarre), umringt von Mitarbeitern des New Yorker PL-Büros; September 1960.

sind die Essenz dieses Bandes, der zum Durchblättern und Schmökern einlädt. Die Sortierung nach Themenschwerpunkten in der Fußzeile jeder Seite hilft Ihnen dabei, sich zu orientieren.

Eine besondere Freude war es für die Planer dieses Bildbandes, den Historiker und Sachbuchautor Michael Zeuske für einen einleitenden Essay zu gewinnen. Sein Aufsatz kompensiert, was die Bilder nicht leisten können: Er gibt einen geschlossenen und umfassenden Überblick über die politische, gesellschaftliche und soziale Entwicklung in den ersten zehn Jahren nach der Revolution, die der Autor im Kindesalter selbst miterlebte. Sein Vater, der Historiker Max Zeuske, war in Havanna von 1963 an als Berater für das Bildungswesen tätig. Heute ist Michael Zeuske selbst einer der renommiertesten Experten auf dem Gebiet der lateinamerikanischen Geschichte und einer der wenigen Wissenschaftler dieses Bereiches aus Deutschland, der aufgrund der Qualität seiner Arbeit auf internationaler Ebene Beachtung findet.

Dabei hat das vorliegende Buch an sich historischen Wert. Es ist das erste Gemeinschaftsprojekt der *Prensa Latina* mit einem deutschen Partner seit über zwei Jahrzehnten. Nach den weltpolitischen Umbrüchen 1989/90 hatte die Agentur ihre beiden Büros in Deutschland schließen müssen. Mitte 2009 dann konnten wir in Zusammenarbeit mit deutschen Medien und Verlagen wieder ein Büro in Berlin eröffnen. Die Zusammenarbeit mit dem Rotbuch Verlag bot sich an, nachdem bereits die Aufzeichnungen der Interviews des französisch-spanischen Journalisten Ignacio Ramonet mit Fidel Castro dort veröffentlicht wurden.

Folgen Sie uns nun also auf eine Bilderreise in die ersten zehn Jahre des revolutionären Kubas. Werfen Sie einen Blick in Momente aus zehn Jahren voller Hoffnung und Euphorie, großer Momente und persönlicher Geschichten. Erleben Sie eine Historie, die noch lange nicht beendet ist. Mitte Oktober 1953 erklärte Fidel Castro vor den Richtern der Batista-Diktatur: »Verurteilt mich, das hat nichts zu bedeuten: Die Geschichte wird mich freisprechen.« Der neue gesellschaftliche Aufbruch Anfang des 21. Jahrhunderts mit neuen progressiven Regierungen in ganz Lateinamerika gibt ihm Recht.

Harald Neuber — Berlin, am 1. Dezember 2010

Nach dem Bombardement der drei kubanischen Militärflughäfen in San Antonio de los Baños, Columbia und Santiago de Cuba kommen anderntags Hunderttausende in Havanna zur Begräbnisfeier zusammen; 16. April 1961.

DIE UNBEKANNTEN JAHRE DES ANFANGS (1959–1969)

VON MICHAEL ZEUSKE

Die Revolution, die zur Wasserscheide in der Entwicklung Amerikas und in gewissem Sinne des Westens werden sollte, hatte Anfang 1959 – zunächst militärisch – gesiegt. »Die Revolution«, wie es noch heute mit Bezug auf den Gesamtprozess seit dem von Fidel Castro geführten Moncada-Überfall 1953 und in Bezug auf das kubanische Staatswesen seit 1959 heißt, hatte allerdings gerade erst begonnen. Diese »lange« kubanische Revolution ist ohne den populär-anarchistischen und martianischen[1] Grundansatz und ohne den Versuch, die »soziale Frage« zu lösen, nicht verständlich. Die Tage im Januar 1959, als »die Revolution« von einer extremen Minderheit auf die Mehrheit des kubanischen Volkes übergriff, sind auch ohne das Gefühl der Kubanerinnen und Kubaner, in der eigenständigen Entwicklung ihrer »kleinen« Nation seit der formalen Unabhängigkeit 1902 fünfzig Jahre verloren zu haben und diese Nation obendrein durch massive US-Amerikanisierung unter der Diktatur von Fulgencio Batista von 1952 bis 1958 wieder zu verlieren, nicht zu verstehen.[2]

1959 eröffnete sich eine Zeit der Experimente, die weltweit ihresgleichen sucht. Deren Basis, im Diskurs der sich herausbildenden Globalität oftmals nicht expressis verbis erwähnt, war immer die »Nation Kuba«. Dabei unterscheiden sich die sechziger Jahre, die mehr als alle nachfolgenden Dekaden eine Zeit der Infragestellung des Alten, der Strukturbrüche und des Umbruchs waren, von allen anderen Perioden der neueren Geschichte Kubas. Gerade weil die Anführer des bewaffneten Kampfes und der ersten Zeit des Umbruchs aus der Generation von Fidel Castro und dieser selbst

1 Martianisch meint: von José Martí (1853–1895) ausgehend.

2 Michael Zeuske: *Insel der Extreme. Kuba im 20. Jahrhundert.* Zürich 2004; ders.: *Kleine Geschichte Kubas.* München 2007.

noch an der Macht sind und die heutigen Debatten um die Zukunft Kubas gestalten, ist eine neue Beschäftigung mit den Zeiten des radikalen Bruchs so interessant.

Der geistige Hintergrund der Revolution war nicht ökonomisch oder politisch, sondern ethisch; in der europäischen Politikwissenschaft würde er radikalpopulistisch heißen, was aber den Kern nicht träfe. Der Nukleus dieser Revolution war und ist Egalitarismus, ein eigenständiger und keineswegs leninistischer Antiimperialismus gegenüber dem »Koloss im Norden«, populärer Links-Nationalismus und in gewissem Sinne anarchistischer Unabhängigkeitswille. Das sind die Werte, die Fidel Castro selbst bis heute vertritt, wie immer man auch seine Herrschaft charakterisieren mag. »Populist« im Sinne von »jemandem nach dem Maul reden« ist Fidel Castro nie gewesen, obwohl er die Performanzen des Charismas im Schlaf beherrscht. Und bei Castro kamen und kommen jesuitische Disziplin, Generosität, Mut und Paternalismus hinzu.[3]

Was aber bedeutet »lange Revolution«? »Revolution« wurde auf Kuba erst seit 1960 als andauernder Prozess der mobilisierenden Umgestaltung, der vom Staat unter der »Revolutionsregierung« geführt wird, begriffen. So wird »Revolution« auch heute noch verstanden. Theoretisch-propagandistisch sowie historisch wurde dieses Revolutionsverständnis erst am Ende der sechziger Jahre, konkret 1968, zu einem langen kubanischen Revolutionszyklus von 1868 bis 1968 konstruiert, in dessen Verlauf Revolutionen und antikoloniale Kämpfe, nicht aber Reformen die treibenden Kräfte waren. Der weiterführende Prozess dieses Revolutionszyklus sollte bei dem einzelnen Menschen sowie seiner Bildung beginnen und bis zum Staat, der Wirtschaft sowie den internationalen Beziehungen Kubas vordringen, ja sogar größere Weltregionen wie Lateinamerika, Afrika oder die »Dritte Welt« erfassen, um irgendwann einmal in eine Weltrevolution zu münden. Für Kuba war dabei eine besondere Rolle vorgesehen: In einer ersten Stufe sollte dieser umfassende Prozess Unabhängigkeit, Gerechtigkeit und Würde für die kubanische Nation und alle anderen vom Imperialismus der USA unterdrückten und eingeengten Nationen sichern.[4] Als Träger der Nation und der antiimperialistischen Entwicklung verstanden Castro und Guevara in den sechziger Jahren mehr als 90 Prozent der damals sieben Millionen Kubanerinnen und Kubaner.[5] Sie bildeten »das Volk«, *el Pueblo*, das heißt vor allem die kleinen Bauern,

3 Michael Zeuske unter Mitarbeit von Thomas Neuner: »Fidel Castro«. In: Nikolaus Werz (Hrsg.): *Populisten, Revolutionäre, Staatsmänner. Politiker in Lateinamerika.* Frankfurt am Main 2010. S. 298–320.

4 Kuba hat seit Jahrhunderten ein gespaltenes Verhältnis zu »großen Mächten«: Einerseits wussten alle lokalen Eliten die Schnittpunktfunktion vor allem Havannas für Stellung und Status zu nutzen; zweitens gibt es seit den zwanziger Jahren einen bis weit in die Oberschichten reichenden eigenständigen antiimperialistischen Diskurs; Kuba brauchte weder einen Hilferding noch einen Lenin, um Imperialismus als wichtiges Problem zu begreifen.

5 Albert Manke: »Neue Aspekte der Gründung und Organisation der Revolutionären Nationalmilizen Kubas, 1959–1961«. Erscheint demnächst.

die Landarbeiter, Tabakarbeiterinnen und Tabakarbeiter, Dienstleisterinnen und Dienstleister, die städtische Arbeiterschaft sowie Mittelschichten und die Intelligenz, soweit diese bereit waren, den Prozess der Revolutionierung mitzugestalten. Kuba sollte das Sprungbrett, die *Vanguardia*, von Revolutionen in Lateinamerika, Asien und Afrika und schließlich der Weltrevolution sein.

Die Lektüre von *La historia me absolverá*[6] zeigt, dass Castro eine recht klare soziologische und quantitative Vorstellung vom Begriff »Volk« hatte. In diesem Sinne handelt es sich um eine Variante der Vollendung der radikalen Aufklärung; allerdings zu Beginn ohne die Führung einer Kaderpartei (»ohne Bolschewismus«), dafür aber mit einem kleinen, festgefügten Militärkader der Sierra sowie ab Ende 1959 mit Milizen gemäß dem Konzept vom »Volk in Waffen«[7].

An den wichtigsten Maßnahmen in der Sierra war schon deutlich geworden, dass die Guerillaarmee, Fidel Castro und die von ihm geführte nationalistische Bewegung des M-26-7 *(Movimiento del 26 de Julio)* als Kern des Volkes und der Nation die arme Landbevölkerung, *los Pobres de la tierra*, nicht nur die Arbeiter oder das »Proletariat« verstanden. Schon José Martí hatte unter Revolution die absolute nationale, vor allem eigenstaatliche Unabhängigkeit

6 Fidel Castro: *Die Geschichte wird mich freisprechen*. Berlin 2009.

7 Ebd.

Fidel Castro und Mitkämpfer aus der Sierra Maestra besuchen die Redaktionsräume der *Bohemia*, mit dabei auch *Capitán* Antonio Núñez Jiménez und *Comandante* Camilo Cienfuegos; 19. Oktober 1959.

und unter Gerechtigkeit ein radikales Maß an sozialer Gleichheit für eine Gesellschaft freier Bauern, Arbeiter und Handwerker verstanden.[8]

Im heutigen wissenschaftlichen Gebrauch gibt es eindeutig eine Trennung zwischen »Revolution« im engeren Sinne als Machtumbruch oder *Transición*, die für Kuba von den meisten Autoren zwischen 1953/56 und 1959/61 angesetzt wird, und einem eher langfristigen Verständnis der wirtschaftlichen, sozialen, politischen und kulturellen Umwälzung sowie der internationalen Auswirkungen als *Transformación*. Der Streit, wann diese Transformation als Revolution beendet war und/oder als Reformpolitik weitergeführt wurde oder geführt werden muss, prägt das ambivalente Verhältnis Kubas zur »Reform«.[9] Daraus resultieren die Fragen: Waren nur die sechziger Jahre eine Transformation im Sinne einer Revolution (Bruch mit allem Alten; konsequente Schaffung von Neuem, wobei es natürlich auch zu Fehlern kommt), und hätte nach 1970 ein reformerischer Wandel, der auch die rhetorische und symbolische Ebene einschließt, einsetzen müssen? Oder kann es tatsächlich eine »permanente Revolution« geben?

Klar ist, dass um 1970 ein radikales Gesellschaftsexperiment mit vielen Dimensionen zumindest in der Politik und in der Wirtschaft im Innern abgebrochen wurde. Die kubanische Revolution wurde nicht länger als Vorstufe der Revolutionierung Lateinamerikas oder Afrikas, sozusagen als wichtiger Teilprozess revolutionärer Globalisierung, verstanden. (Das macht auch die Einschätzung der späteren Angola-Mission, die außerhalb des hier behandelten Zeitraums liegt (1975–1991) so schwierig.) Kuba musste seit 1970 Kurs auf Konsolidierung und Institutionalisierung nehmen. Eine immer stärker bürokratisierte Einheitspartei breitete sich aus, nur unterbrochen von oft recht anarchistisch anmutenden Willensumbrüchen von Fidel Castro. Doch ganz im Gegensatz zu diesem neuerlichen Umbruch kam es in Rhetorik, Ideologie und Propaganda zu einer Prolongierung der »Revolution«.

Viele Probleme haben die Geschichte Kubas seit 1959 geprägt. Ich will die Aufmerksamkeit vor allem auf drei Grundprobleme richten: erstens die strukturellen Ausgangsprobleme und die Suche nach effizienten Wirtschaftsformen in einem von agrikulturell-industrieller Monowirtschaft geprägten Land, dessen Wirtschaft-

8 Lars Schoultz: *That Infernal Little Republic. The United States and the Cuban Revolution*. Chapel Hill 2009; Albert Manke: »Die Revolution 1959 als Sonderfall. Soziale Bewegungen in Kuba«. In: Jürgen Mittag und Georg Ismar (Hrsg.): *¿»El pueblo unido«?: Soziale Bewegungen und politischer Protest in der Geschichte Lateinamerikas*. Münster 2009. S. 57–80.

9 Und das, obwohl alle großen Umwälzungen der sechziger Jahre den Titel *Reforma – Reforma agraria, Reforma urbana* etc. – trugen.

seliten immer auf Freihandel gesetzt hatten; zweitens die politische Herrschaft im Innern, speziell die Spannung zwischen Charisma, Massenmobilisierung, Institutionalisierung und Partizipation; drittens die Beziehungen Kubas zu den Großmächten und Blöcken, wie die Imperien zur Zeit des Kalten Krieges genannt wurden, sowie zu Befreiungsbewegungen in Lateinamerika, Afrika und Asien.

Die durch den Sieg über die »Tyrannei« legitimierte »Revolution« und ihr *Comandante en Jefe* setzten zunächst bei den besten Traditionen der zweiten Republik (1933–1958) an, spitzten sie aber auf eine wirkliche Änderung der Agrarstrukturen zu. Kern aller strukturellen Probleme Kubas war der landwirtschaftliche Sektor, neben dem atlantischen und sehr konsumorientierten Stadtmoloch Havanna und vier bis fünf größeren Städten, in denen sich lokale Industrie und die Dienstleistungen sowie Bildungseinrichtungen konzentrierten (Matanzas, Santa Clara, Cienfuegos, Santiago und Camagüey).

Wie bei jedem Umsturz kam es zunächst zu unkontrollierten Racheaktionen. Öffentliche, summarische Gerichtsverfahren gegen *Batistianos*, Folterknechte und Anhänger Batistas, gaben dem Volkszorn bald ein Ventil, das von der revolutionären Gewalt durch sogenannte Volksgerichte kontrolliert wurde. Da die kubanische Revolution auch am Beginn des TV-Zeitalters stand, erlaubten die im Fernsehen übertragenen Prozesse der Castro-Gruppe, den *Mando único* ihres Chefs vor dem »Volk« zu visualisieren und damit besser zu legitimieren. Die Prozesse erlaubten darüber hinaus die Neuordnung der bewaffneten Kräfte. Zugleich führten die zirka 550 Erschießungen, *Paredón* genannt, zu internationalen Protesten und zu einer ersten massiven Auswanderungswelle auch von Menschen, die sich nicht am Terrorregime Fulgencio Batistas beteiligt hatten. Diese Gewalt war Teil der kubanischen Gewalttradition und -kultur. Die Kultur offener, zumeist sektoraler Gewalt hatte die Entwicklung seit 1830, besonders die Zeit zwischen 1933 und 1936 geprägt. Sie gehörte in gewisser Weise zum Ritual des Umsturzes. Die Gewalt gegen die *Batistianos* galt zunächst als legitime Vergeltung. Erst nach massiven Eingriffen Fidel Castros in den Prozess gegen Piloten der Luftwaffe Batistas im März 1959 kam es seitens der USA und der innerkubanischen Gegner der Revolution zur klaren Identifikation dieser Interventionen als »revolutionäre Gewalt« und in Ansätzen als »Terror«[10]. Die Kanalisierung und Kontrolle der Gewalt

10 Michael Zeuske: »Rethinking Latin America's Cycle of 20th-Century Revolutions: Cuba 1959–2003«. Vortrag auf der Konferenz: *Rethinking Latin America's Century of Revolutionary Violence*. Yale University 2003. Ungedruckt.

gegen Feinde und dissidente Stimmen, nach den Anfangsprozessen 1959 wieder ohne öffentliche Visualisierung, war in den Jahren darauf eine Tradition der kubanischen Innenpolitik und wirkt in Ansätzen bis heute nach. Die Kontrolle der Gewalt hat Kuba aber auch seit etwa 1966 eine für das gewaltgewöhnte Lateinamerika erstaunliche soziale Ruhe und Sicherheit gebracht, während andererseits die konsequente Sozialpolitik den inneren Frieden nachhaltig sicherte. Wenig bekannt allerdings ist, dass sich im Innern des Landes bereits seit Mitte 1959 anticastristischer bewaffneter Widerstand gegen die kubanische Revolution formierte – im Grunde eine Fortsetzung des Guerillakriegs. Bis 1966 war Kuba Schauplatz eines begrenzten Bürgerkriegs. Die große Gefahr bestand darin, dass die anticastristischen Kräfte unter Einfluss äußerer Mächte, vor allem der USA, ein größeres Territorium unter ihren Einfluss hätten bringen können. Von dort aus hätten die Vereinigten Staaten um »Hilfe« gebeten werden können und damit einen offiziellen Vorwand für eine direkte Intervention gehabt. Diese innerkubanische Dimension der bewaffneten Auseinandersetzung ist bei Debatten um Gewalt immer mit zu bedenken.

Soziale Infrastrukturen, vor allem zwischen Stadt und Land außerhalb der Plantagengebiete, existierten 1959 kaum. Im Februar 1959 erließ Castro als neuer Premierminister das sogenannte »erste Agrarreformgesetz« – Grundbesitz wurde auf 400 Hektar beschränkt. Diese sehr vernünftige Maßnahme war aber keineswegs nur ein Rechtsakt, denn im Zuge der Kämpfe und des Vorrückens der Guerillas hatten bereits massive *Intervenciones* (Besetzungen von Latifundienland) seitens der ärmeren Landbevölkerung eingesetzt, und die Regierung gab nun diesen Bestrebungen der revolutionären Partizipation »von unten« eine Rechtsform »von oben«. Theoretisch wäre diese Reform seit der Verfassung von 1940 möglich gewesen, aber bis 1959 hatte keine Regierung ein wirkliches Interesse daran.

Blick in einen landwirtschaftlichen Forschungs- und Zuchtbetrieb; 1969.

Die neue Regierung ging auch ein weiteres Grundproblem einer Monowirtschaft in der Tradition von Kolonialismus und Sklaverei an: Die ärmere Landbevölkerung und die arme Zuckerarbeiterschaft bebauten fast immer Land. Sie besetzten Land in Randzonen der Latifundien, in bergigen Gebieten und in unerschlossenen Gegenden. Aber sie hatten keine schriftlich fixierten Eigentumstitel für dieses Land, waren also für den Staat, sein Steuer- und Justizsystem sowie für Bildungs- und Sozialmaßnahmen »unsichtbar«, aber von den bewaffneten Trupps der Großgrundbesitzer manipulierbar, als Saisonkräfte verfügbar und notfalls auch schnell zu vertreiben. Das Problem war seit der Revolution von 1933 immer mehr in den Vordergrund gerückt, und alle Regierungen zwischen 1940 und 1958 hatten auch schon versucht, es durch Kolonisierung und Ansiedlung von Landarbeitern und Kleinbauern (zwei *Caballerías*, knapp 27 Hektar) sowie durch Pächterschutz und Diversifizierung (Reisanbau, Nahrungsmittel) zu lösen. Das alles stellte bis 1959 keine Agrarreform im eigentlichen Sinn dar, aber es gab einige Veränderungen in den Nischen und an den Grenzen (vor allem in den Gebirgszonen) der Latifundien-Landwirtschaft.[11] Auch die anderen sozialen Sofortmaßnahmen der neuen Machthaber – Mietsenkungen und Lohnerhöhungen – betrafen nicht nur den urbanen Sektor, sondern auch die ruralen Bereiche. Die Telefongesellschaften wurden verstaatlicht. Die Kaufkraft stieg bei sinkender Produktion und Schwierigkeiten in der Landwirtschaft enorm an, was sich zu einer wirtschaftlichen Krise verschärfte. Arbeitslosigkeit griff um sich. Armee und öffentlicher Dienst waren abgebaut bzw. verkleinert worden. Die bisherige Kundschaft der Hotels, Spielcasinos, Banken und Bordelle in Havanna blieb aus. Die Begeisterung des Mittelstands für die Revolution flaute immer mehr ab, auch weil die neuen Machthaber keine kohärente Wirtschaftspolitik betrieben und viele Betriebe für Staatsunternehmen beschlagnahmt wurden.

In der Agrarreform wurde nun, neben der Umwandlung des Latifundienlandes in Genossenschaften und (riesige) Staatsgüter, Grund und Boden mit Eigentumstiteln an Einzelbauern verteilt. Dazu gehörte immer auch Wohneigentum. Um eine Linie bis zur Sklaverei auf Kuba (bis 1886) zurückzuziehen: Manche an den Rändern großer Latifundien und *Centrales* angesiedelten Familien ehemaliger Sklavinnen und Sklaven erhielten ihre Finca erst 1959/62 als Besitz mit schriftlichen Eigentumstiteln. Darum erscheinen auf vielen Fotos dieser Ereignisse während der Agrarreform auch diese Dokumente als die Hauptsache. Allerdings mussten sich vor allem die auf eine bäuerliche Existenz mit eigenem

11 Bettina Grote: *Zwischen Heldenkult und Marginalisierung. Kleinbauern und Genossenschaften in Kuba 1940–1963*. Norderstedt 2004.

Land orientierten Männer aus ländlichen Familien, die meist in einer der kleinen Landstädte oder auch am Rande von Hafenstädten wohnten, entscheiden: Land oder Zeit? »Land« bedeutete eine relativ sichere Subsistenz und das Ziel bäuerlichen Strebens, aber lebenslange Plackerei für die ganze Familie. »Zeit« bedeutete bezahlte und sichere Arbeit auf einem der Staatsgüter oder in einer der Kooperativen und Ausbildung für alle Familienmitglieder, die auch vom Land wegführen konnte.

Die Agrarreform führte zu einer ganzen Reihe interner Probleme. Unter anderem gab es immer mehr ungeregelte Landbesetzungen durch Bauern und Landarbeiter. Schon seit Ende 1958/ Anfang 1959 hatte es »Anwendungen«, *Intervenciones*, des Agrargesetzes der Sierra Maestra gegeben. Sie wurden immer gewaltsamer und drohten, der Kontrolle zu entgleiten. Castro entschied sich für die Agrarreformvariante von Che Guevara und anderen Radikalen – die wiederum Erfahrungen aus dem Spanien der Republik und des Bürgerkrieges sowie dem Guatemala unter Jacobo Árbenz einbrachten – und gegen die von Humberto Sorí Marín. Interventionen im Sinne staatlicher Eingriffe in Arbeits- und Tarifkonflikte, hatten eine legale Tradition, deren Ausgangspunkt in den Regulierungen der Arbeitsbeziehungen seit 1933 zu suchen ist. Hier aber handelte es sich jetzt um eindeutige Veränderungen der ruralen Besitzverhältnisse in einer Latifundien- und Herrenwirtschaft, wie sie die Bauern mit Landbesetzungen und die Anarchosyndikalisten schon zwischen 1933 und 1935 betrieben hatten.[12]

Das größte politische Problem dabei war, dass die meisten Güter über 400 Hektar Eigentum von US-amerikanischen Institutionen und Firmen sowie der mit den USA eng verbundenen kubanischen Oberschicht waren. Ohne Agrarreform hätte die Machtelite der Vereinigten Staaten Fidel Castro, dem in den prüden USA der Ruf eines romantischen, leicht verschwitzten, aber sehr sportlichen und gut aussehenden Dschungelkämpfers vorausging, nach Unterwerfungsgesten bei den Geheimverhandlungen akzeptiert.[13] Mit dieser – relativ bescheidenen, vernünftigen und ernst gemeinten – Agrarreform kam er jedoch endgültig in den Ruf, ein *Commi* zu sein und den mächtigen Nachbarn herauszufordern. Ersteres war Fidel Castro sogar nach Meinung Che Guevaras in den Jahren 1959 bis 1961 nicht, und Castro selbst glaubte vielmehr bis Ende 1960, eine »humanistische Revolution« anzuführen. Letzteres blieb seine selbstgewählte Lebensaufgabe.

12 Juan und Verena Martínez Alier: »Tierra o trabajo: notas sobre el campesinado y la reforma agraria, 1959–1960«. In: dies.: *Cuba: economía y sociedad*. Paris 1972. S. 59–73.

13 Was Outfit und Stil betraf, so prägten die *Barbudos*, (meist) langhaarige Bartträger, erst die Mode Havannas, dann die Jugendkultur des Westens, einschließlich der Länder des Realsozialismus, bis weit in die achtziger Jahre hinein. Daran konnten auch die Beatles nichts mehr ändern.

Comandante Camilo Cienfuegos, ganz im Stil der *Barbudos*, und seine Eltern; 1959.

Die Revolutionäre gründeten das *Instituto Nacional de la Reforma Agraria* (INRA) – faktisch eine informelle Nebenregierung, zugleich Expertengruppe und Ad-hoc-Kommission für die wirklich harten Probleme der realen Revolution, unter formeller Leitung von Antonio Núñez Jiménez. Bereits unter dem Eindruck des Widerstandes und der Annäherung an das realsozialistische Lager kam es 1963 zur zweiten Agrarreform: Alles private Eigentum über fünf *Caballerías* (rund 67 Hektar) wurde enteignet, und Kuba begann ein bis um das Jahr 2000 anhaltendes Experiment einer staatlichen, nichtprivaten und auf Großeinheiten basierenden Agrarreform (partielle Landreform und Übernahme der Großgrundbesitzer durch den Staat sowie Bodenbewirtschaftungsreform, Chemisierung und partielle Technisierung). Verbunden war dieses Bemühen mit Modernisierungen der Infrastruktur (Straßen, Mobilität, Hausbau, Wasserstaubecken und bessere soziale Bedingungen für die Landbevölkerung), der Agrarindustrie (Zucker, Zitrusfrüchte), des Großviehbestandes (vor allem die Haltung von Rindern – ein gigantischer Fehlschlag) sowie der Fischerei. Das INRA, fast alle Experten und die Regierung standen unter dem Einfluss von Theorien der CEPAL, der UN-Wirtschaftskommission für Lateinamerika und der Karibik, vor allem von denen Raúl Prebischs (importsubstituierende Industrialisierung, Staatsinterventionismus und regionale Wirtschaftsintegration). Der traditionelle Zuckersektor schien zunächst nicht mehr so wichtig, wurde es aber wieder mit der Annäherung an den Ostblock. Zudem war der Widerstand gegen Castro und die Revolution strukturell im Großgrundbesitz und in der Batista-Klientel, deren Spitze meist Latifundien von über 400 Hektar besaß, verankert. Ohne die Agrarreformen und ohne den Widerstand dagegen wäre der Guerillakampf möglicherweise nie in den Rang einer »Revolution« geraten und nur einer der vielen Umstürze und nationalistischen Elitenrebellionen in der Karibik-Region geblieben. Erst die revolutionäre Agrarreform veranlasste den größten Strukturumbruch des 20. Jahrhunderts. Die nächste große Auswanderungswelle setzte ein. Die kubanische urbane Mittelklasse, Hauptträgerin des traditionellen Nationalismus, wurde zerrissen. Für die ersten Wellen der Emigration, vor allem aus den Ober- und Mittelschichten (aber bei weitem nicht nur!), die Florida und Miami oft schon von Einkaufs- und Urlaubsreisen kannten, bürgerte sich schnell – kräftig lanciert durch die politische Führung – der Begriff *Gusanos*, Würmer, ein.[14]

Der äußere Hauptwiderstand gegen Fidel Castro, den Guerillakampf und die nachfolgende Agrarreform sowie gegen die Bestrafung der Schuldigen der Batista-Tyrannei konzentrierte sich zunächst auf die Dominikanische Republik unter dem Diktator Rafael Leónidas Trujillo (1891–1961)[15] sowie – nach einer kurzen Episode der Zusammenarbeit – auf Venezuela.

In Venezuela hatte Marcos Pérez Jiménez (1914–2001) nach Batistas Vorbild eine desarrollistische Diktatur etabliert (1952–1958). Um 1960 galten sowohl Trujillo wie auch Pérez Jiménez als ältere Militärs, die mit Hilfe der USA in den Sattel gehoben worden waren und die alten Strukturen, vor allem den traditionellen großen Landbesitz *(Hacienda)* und die Latifundien großer US-Firmen, schützten sowie eine sektoral-technische Modernisierung ohne Wandel der traditionellen sozialen Hierarchien betrieben. Mit Venezuela hatte es noch eine weitere Bewandtnis: Die erste Auslandsreise Fidel Castros führte dorthin. Venezuela und Kuba galten seit jeher als karibische Schwesternationen. Die Gegner Batistas und Pérez Jiménez' hatten sich gegenseitig unterstützt. Nachdem Pérez Jiménez am 23. Januar 1958 gestürzt worden war, wurden

14 Zwei weitere große Auswanderungswellen, 1980 die der sogenannten *Marielitos* (nach dem Hafen Mariel bei Havanna) und 1994 die der *Balseros* (nach *Balsa*, einem selbst gebauten Wasserfahrzeug) sowie mehrere kleine sollten folgen.

15 Rafael Leónidas Trujillo (Diktatur 1930–1961) war der vielleicht übelste Diktator vom Typ Batista beziehungsweise Fulgencio Batista war eine Art Trujillo-Kopie. Nikolaus Werz: »Rafael Leónidas Trujillo«. In: ders. (Hrsg.): *Populisten, Revolutionäre, Staatsmänner. Politiker in Lateinamerika*. Frankfurt a. M. 2010. S. 450–473. Die erste anticastristische Widerstandsorganisation der *Batistianos* nannte sich *La Rosa Blanca*.

Waffen aus Venezuela in die Sierra Kubas geliefert. Am ersten Jahrestag dieses Sturzes kam Fidel Castro 21 Tage nach seinem Einzug in Santiago de Cuba nach Caracas – jetzt natürlich bekannt wie ein bunter Hund und in der Fama des siegreichen *Comandante rebelde*. Der tonangebende Politiker im Post-Jiménez-Venezuela war Rómulo Betancourt, ein früherer radikaler Linker, der stalinistische und caudillistische Vorgehensweisen miteinander verbunden hatte. Er war Gründer und starker Mann der nationalistischen linken Partei *Acción Democrática* (AD). 1959 gründete Betancourt mit anderen nationalistischen Parteien im Abkommen von Punto Fijo eine Paktdemokratie in Venezuela unter Ausschluss von Kommunisten und radikalen Linken, die Strukturbrüche wie die Agrarreform auf Kuba anstrebten.[16] Castro und Betancourt betrieben zunächst 1959 eine gemeinsame Außenpolitik, boten sich aber für die US-Politik in der Region bald als Alternativen an. Betancourt mit seiner Wende gegen die radikale Linke war für Washington nützlicher. Mit einem Mal stand Lateinamerika nicht mehr im Schatten von Betancourt und der Sieger über Pérez Jiménez, sondern »im Schatten des Kubaners«, das heißt Fidel Castros.[17] Die Masse der venezolanischen Bevölkerung hatte zwischen 1958 und 1960 den Anti-Batista-Kampf und das neue Kuba unterstützt; auch Punto-Fijo-Politiker unterstützten Fidel Castro bis etwa 1960. Fidel füllte riesige Plätze und Säle, und Betancourt neidete ihm die Popularität. Er selbst hatte nur mit einem hauchdünnen Vorsprung 1959 die Wahlen in Venezuela gewinnen können. Als die neue Betancourt-Regierung von ihrer Unterstützungspolitik für Castro aufgrund der Taktik Betancourts, der Radikalisierung auf Kuba und wegen Pressionen des US-State Department in Washington abrückte, rief das massive Proteste und Friktionen vor allem seitens der studentischen Jugend und seitens der vom Pakt ausgeschlossenen Linken Venezuelas hervor. Das war die erste wirkliche Spaltung unter den antidiktatorischen Bewegungen des karibisch-lateinamerikanischen Raums. Die Missachtung, mit der Castro beim Zusammentreffen mit US-Vizepräsident Richard Nixon im April 1959 behandelt wurde, zeigt, dass das US-Establishment ihn als Anführer einer sozialen Bewegung neuer Art ansah, dem es vor allem seit dem zweiten Halbjahr 1958 gelungen war, den inneren Widerstand gegen Batista, die meisten sozialen Bewegungen und die breitere Arbeiterbewegung unter Führung der Guerillaarmee *(Llano)* zu vereinigen.[18]

16 Michael Zeuske: »Erdölstaat, Putsche, Technokraten und der Versuch, Demokratie zu kaufen (1936–1989)«. In: ders.: *Von Bolívar zu Chávez. Die Geschichte Venezuelas*. Zürich 2010. S. 367–434.

17 Peter Grubbe: *Im Schatten des Kubaners. Das neue Gesicht Lateinamerikas*. Hamburg 1961. S. 164–189.

18 Jose M. Cuesta Braniella: *La resistencia cívica en la guerra liberación de Cuba*. Havanna 1997; Enrique Oltuski: *Gente del llano*. Havanna 2001; Julia E. Sweig: *Inside the Cuban Revolution. Fidel Castro and the Urban Underground*. Cambridge (Mass.), London 2002.

In der Folgezeit bauten die USA Venezuela zur »Vorzeige-Demokratie« gegen Kuba aus. Die Drecksarbeit übernahm dabei der ehemalige Stalinist Betancourt – die Etablierung der »Demokratie« kostete zirka 30 000 Gegnern das Leben. Castro unterstützte die radikale venezolanische Guerilla und begann damit eine Politik des Revolutionsexportes, die bestens mit dem immer deutlicher formulierten Ziel korrespondierte, Kuba sei nur Ausgangspunkt einer größeren Revolution. Che Guevaras Fokus-Theorie, die als eine Art Blaupause für erfolgreiche Revolutionen angesehen wurde, tat ein Übriges.[19] Fidel Castro schickte unter anderen Arnaldo Ochoa Sánchez, den später hingerichteten Angola-General, und Antonio »Tony« Briones Montoto, Ex-Sicherheitschef des *Comandante en Jefe*, nach Venezuela; letzterer wurde bei der Landung der Guerillatruppe am 8. Mai 1967 erschossen. Erst 1969 stellten die Kubaner die Unterstützung der Guerilla in Venezuela ein.[20] Verhandlungen mit Che Guevara in China über die Führung einer solchen Guerilla in Venezuela waren schon 1964 an der Weigerung der Venezolaner gescheitert, einen »Ausländer« als Anführer zu akzeptieren.[21]

19 Thomas C. Wright: *Latin America in the Era of the Cuban Revolution*. New York 2000; Matt Childs: »An Historical Critique of the Emergence and Evolution of Ernesto Che Guevara's Foco Theory«. In: *Journal of Latin American Studies*, 27, 3/1995. S. 593–624.

20 Luigi Valsalice: *La guerrilla castrista en Venezuela y sus protagonistas 1962–1969*. Caracas 1979.

21 Javier Pereira: »El sueño venezolano del Che Guevara«. In: *El Nacional* (Beilage »Siete días«), 14. Oktober 2007.

Im Innern Kubas hatten anticastristische Kräfte den irregulären Kampf fortgesetzt, auch ehemalige Kommandeure von Guerillas wie Eloy Gutiérrez Menoyo im Escambraygebirge (in dessen Nähe sich die Schweinebucht befindet); *Comandante* Huber Matos Benítez in Camagüey wurde unter dem Vorwurf, gleiches zu planen, im Oktober 1959 inhaftiert. Wenige Tage später verschwand Camilo Cienfuegos, der Matos in Camagüey ersetzen sollte.[22] Es kam zu »Säuberungen« in der Revolutionsarmee. Ehemalige Mitstreiter der Castro-Gruppe oder Mitglieder des nichtcastristischen Widerstandes gegen Batista, die unzufrieden mit der Radikalisierung waren, bildeten die dritte dieser frühen Auswanderungswellen oder verschwanden für lange Zeit in kubanischen Gefängnissen, wenn sie nicht gleich erschossen wurden. 1960 setzte sich nach massiven internationalen Protesten eine Linie durch, die Fidel Castro mit dem Satz »die Privilegien, nicht die Privilegierten werden füsiliert« umschrieb. Die Gewaltanwendung gegen die Träger der Batista-Diktatur ging relativ nahtlos in einen bis heute anhaltenden Geheimdienstkrieg vor allem gegen die CIA und andere US-amerikanische sowie westliche Dienste über und in Gewalt gegen äußere Feinde sowie Oppositionelle im Innern. Im März 1960,

22 Huber Matos: *Cómo llegó la noche. Memorias. Revolución y condena de un idealista cubano, prólogos de Hugh Thomas y Carlos Echeverría*. Barcelona 2002.

angesichts der Explosion des mit Waffen beladenen französischen Frachters *La Coubre*, prägte Castro die martialische Losung »*Patria o Muerte, Venceremos*« (»Vaterland oder Tod, wir werden siegen«), die zu diesem Zeitpunkt die unbedingte Entschlossenheit ausdrücken sollte, das neu gewonnene Vaterland um jeden Preis verteidigen zu wollen.

Die präpotente Politik der scheidenden Eisenhower-Administration, der machtbewusste Stil Fidel Castros sowie all die realen Brüche auf Basis der revolutionären Agrarreform führten in den Jahren von 1959 bis 1962 zu einem schnellen Zusammenbruch der Beziehungen zwischen den USA und Kuba sowie zur Entwicklung von Konflikten, die schnell von der lokalen auf die globale Ebene emporschossen; erwähnt seien die Intervention an der Schweinebucht im April 1961 und die Oktoberkrise 1962.

Menschenmenge vor dem Gebäude der *Revolución*. Saboteure, vermutlich von der CIA instruiert, hatten einen Brandanschlag auf die Redaktionsräume verübt; 9. März 1962.

Wie alle Anführer von Revolutionen musste Castro erkennen, dass der militärische Sieg Ausgangspunkt neuer Probleme war. Er war zwar ein charismatischer *Comandante en Jefe*, aber konzeptionell und wirtschaftlich völlig unerfahren und an materiellem Reichtum uninteressiert. Kaum eine der großen Erwartungen war schnell zu erfüllen; die baldigen Veränderungen in Bezug auf die soziale Frage und die Menschenrechte – Mietminderung, Wohneigentum, höhere Löhne, bessere soziale Dienstleistungen durch den Staat, Beginn der Bildungsrevolution mit der Alphabetisierung und Öffnung der Universitäten für alle, Beginn des neuen Gesundheitswesens zunächst durch bessere Versorgung der ländlichen Bevölkerung –, Haupterrungenschaften der Anfangsjahre, brachten die traditionelle Wirtschaft in Turbulenzen. Aktionismus ersetzte oft wirkliche Aktivitäten zur politischen Demokratisierung der Gesellschaft. Die innere Gruppe um Castro kam zur Erkenntnis, dass ihre radikalen martianischen Ziele unter einer parlamentarischen Demokratie, den traditionellen Außenbeziehungen und unter den existierenden Wirtschaftsformen nicht zu verwirklichen seien.

»Schulstadt Camilo Cienfuegos«: Die Schule wird von der neuen revolutionären Regierung für die Bauern und Landbevölkerung der Sierra Maestra errichtet; Caney de Las Mercedes, 1960.

Mitte 1959 hatte endgültig eine Revolutionsregierung *(Gobierno Revolucionario Cubano)* die Macht übernommen. Castro wurde faktisch der alleinige Repräsentant sowohl der Revolution wie auch des Staates – ein Repräsentant, der sich im Grunde trotz seiner vielen Ämter bis heute niemals durch irgendwelche institutionellen Fesseln hat bremsen oder kontrollieren lassen. Osvaldo Dorticós, ein loyaler Liberaler, der früher mit dem Marxismus kokettiert hatte und aus einer der alten Familien von Cienfuegos stammte, wurde zum Präsidenten ernannt. Radikale Vertreter der Guerilla übernahmen die Regierungsämter. Der »Che«, Ernesto Guevara, wurde Industrieminister und bald auch Chef der Nationalbank.

Der M-26-7 war zahlenmäßig klein. Er stellte keine politische Partei mit einheitlicher Ideologie dar. In der politischen Krise um die Agrar- und die soziale Frage profilierten sich unterschiedliche ideologische Richtungen. Die Castristen brauchten aber eine Massenbasis. Es boten sich die Gewerkschaften und die Kommunisten der PSP *(Partido Socialista Popular)* an. Beide verfügten über gute Organisationsstrukturen und waren in der Arbeiterschaft verwurzelt, auch auf dem Lande. In den ersten Gewerkschaftswahlen nach dem Sieg der Revolution hatten sich zwar noch einmal antikommunistische Führer durchgesetzt, die mit Batista kooperiert hatten und die mehrheitlich Teil des Batista-Systems gewesen waren, doch die Gewerkschaftsbosse konnten den Sieg nicht verankern, weil die Castristen die bewaffneten Kräfte kontrollierten. Auch verkannten die traditionellen Gewerkschaftsführer die Ziele der anarchosyndikalistischen Arbeiter, die keinesfalls anticastristisch waren und von den sozialen Errungenschaften der Revolution profitierten.

Die Möglichkeiten zur Lösung der immer tieferen inneren Krise, bei der stets mit bedacht werden muss, dass sie sich parallel zur Entfaltung der US-Blockade ausbreitete, bestanden in einem Spar- und Konsolidierungskurs innerhalb des traditionellen Systems im Bündnis mit der nationalen Bourgeoisie, den *Clases económicas*. Dieser Pfad war im Grunde seit 1940 bekannt. Ein anderer Entwicklungspfad, dessen Beginn bereits erkennbar war, lag in der radikalen Massenmobilisierung des ganzen Volkes, in der Zentralisierung der Macht und der Umverteilung zugunsten der Unterschichten, den *Clases populares*[23], im Bündnis mit den eher reformistischen, aber straff organisierten Kommunisten der PSP. Die Castristen wählten den zweiten Weg, um ihre Macht zu konsolidieren, allerdings mit einem entscheidenden Unterschied: Die Führungsgruppe, vor allem Fidel Castro und Che Guevara mit ihrem eher anarchistischen Charisma-Appeal, entsprachen in keiner Weise kommunistischen oder sozialdemokratischen Kader-Bürokraten. Das brachte ihnen einerseits einen nahezu unglaublichen Massenenthusiasmus und andererseits erbitterte Feindschaft inner- und außerhalb Kubas ein. In diesem Zusammenhang wird meist nur das Verhältnis zu den USA analysiert. Aber neben den Vereinigten Staaten war Spanien immer ein wichtiges Bezugsland für Kuba, ebenso wie seine karibischen Nachbarinseln. Das bis zum Sieg 1959 recht gute Verhältnis zu Franco-Spanien verschlechterte sich zeitweilig ganz erheblich.[24]

Die Gruppe um Fidel Castro, Che und Raúl Castro stand dabei natürlich auch im Bann der kubanischen Geschichte. Sie wussten, wie 1878, 1898 und 1933/34 die Revolutionen durch das Zerbre-

23 Marifeli Pérez-Stable: *The Cuban Revolution. Origins, Course, and Legacy.* New York, Oxford 1993. S. 7.

24 Manuel de Paz Sánchez: *Franco y Cuba. Estudios sobre España y la Revolución.* Santa Cruz de Tenerife 2006.

chen der jeweiligen Koalitionen abgewürgt und wie 1948 und 1952 Reformvarianten zum Scheitern gebracht worden waren. Sie mobilisierten deshalb sowohl den Zentralismus wie auch die besten Traditionen Kubas, besonders den auf der Insel immer sehr wichtigen Kultur- und Bildungsbereich.

Das erste Kulturgesetz des neuen Staates hatte lakonisch festgelegt: »Film ist Kunst«; am 24. März 1959 wurde das *Instituto Cubano de Arte e Industría Cinematográfica* (ICAIC) gegründet. Vom ICAIC ging der neue lateinamerikanische Film aus. Mit der Öffnung der höheren Bildung für alle wurde zugleich die Autonomie der Universität beseitigt; Bauern-, Studenten- und andere Milizen entstanden spontan.[25] Um das Nachrichtenmonopol von Agenturen wie UPI und AP zu brechen, wurden die kubanische Presseagentur *Prensa Latina* und neue Zeitungen sowie Medien gegründet.[26] Die Revolution wurde auch von Künstlern und Literaten getragen und begleitet. Das schon im April 1959 eröffnete und bald sehr prestigereiche Kulturinstitut *Casa de las Américas* sollte den Amerika-Visionen eines Simón Bolívar und eines José Martí sowie einer neuen Literatur eine kulturpolitische Heimat geben. Erste Direktorin war Haydée Santamaría (1922–1980).

Der ehemalige Modefotograf Alberto Díaz Gutiérrez, Künstlername *Korda* (1928–2001), machte mit seinen Bildern Ikonen aus den Anführern der *Barbudos*, besonders mit dem berühmten Bild des Einzugs der Revolutionsführer in Havanna mit Camilo Cienfuegos und Fidel Castro[27] und dem noch berühmteren Porträt des Che Guevara vom 5. März 1960, das seinen Siegeszug allerdings erst mit dessen Tod antreten konnte.

Die Konflikte um die revolutionären Reformen der Anfangsjahre verschärften sich fast zu einem Bürgerkrieg. Die Verstaatlichung von Betrieben wurde vorangetrieben. Einen politischen und wirtschaftlichen Ausweg aus den vielfältigen Problemen boten seit 1960 die neuen Beziehungen mit der UdSSR, im Anschluss daran auch Abkommen mit Polen, der DDR, der CSSR und China. Das neue Kuba, gestützt auf mehr als 90 Prozent der Bevölkerung, hoffte sich damit aus der totalen Abhängigkeit von den USA lösen zu können. Als sich US-amerikanische Ölgesellschaften weigerten, sowjetisches Erdöl zu verarbeiten, verschärfte sich die Konfrontation weiter. Für die Vereinigten Staaten wurde der Konflikt in ihrem »Hin-

25 Albert Manke: »Neue Aspekte der Gründung und Organisation der Revolutionären Nationalmilizen Kubas, 1959–1961«. Erscheint demnächst.

26 Eine frühe innere Perspektive der Castro-Gruppe auf die Anfangsjahre der dritten Republik bietet: Antonio Núñez Jiménez: *Unterwegs mit Fidel.* Berlin 1986 (span. Originalausgabe: Havanna 1982). Dr. Núñez Jiménez, ein Geograf der Universidad Central de las Villas, war während der Schlacht von Santa Clara von Guevara zum Hauptmann ernannt worden. Ihm verdankt das revolutionäre Kuba ein enorm wichtiges Buch für die Herausbildung des neuen Nationalismus: *Geografía de Cuba. Adaptado al Nuevo Programa Revolucionario de Bachillerato.* Havanna 1959.

27 Das Bild des Huber Matos allerdings wurde aus dem Pantheon der Revolution entfernt. Christophe Loviny (Hrsg.): *Korda sieht Kuba.* München 2003; Harald Falckenberg (Hrsg.): *Kuba. Bilder einer Revolution. Mit Texten von Boris Groys und Klaus Honnef.* Hamburg 2008.

terhof« durch diese Hinwendung Kubas an den Osten auf die internationale Ebene des Kalten Krieges gehoben. Im Grunde stellte er dessen Heimatfront dar. In einer hysterischen Überreaktion reduzierte die Regierung Eisenhower erst die Zuckerquote und schaffte sie dann ganz ab. Ein Exportstopp, Vorläufer des Embargos, folgte. Schließlich wurde die Blockade verhängt. Sie wurde zwar vielfach gebrochen und unterlaufen, existiert aber bis heute (2010).[28]

[28] Alistair M. Hennessy (Hrsg.): *The Fractured Blockade: West European-Cuban Relations During the Revolution*. London 1993.

Die Regierung Castro antwortete mit der Konfiszierung des Besitzes der Zuckergesellschaften sowie der Verstaatlichung aller Banken, Minen und Betriebe mit mehr als 25 Beschäftigten. Der *Diario de la Marina*, mit 128 Jahren Existenz die älteste »bürgerliche« Tageszeitung auf Kuba, stellte sein Erscheinen im Mai 1960 ein. Im September desselben Jahres waren mit der *Ley 851* auch die kubanischen Ableger der National City Bank of New York, der First National Bank of Boston und die Chase Manhattan Bank »nationalisiert«, das heißt verstaatlicht worden. City Bank und Chase Manhattan waren damals die größten Banken der Welt. Zwei kanadische Banken (The Royal Bank of Canada und The Bank of Nova Scotia) wurden von der revolutionären Regierung gekauft (deshalb waren die Beziehungen zu Kanada meist auch sehr gut). Am 17. Oktober 1960 wurden schließlich alle 37 Banken auf Kuba verstaatlicht und der *Banco Nacional de Cuba* geschaffen. Der kubanische Peso war erstmals einziges Zahlungsmittel im Lande. Die Enteignung durch die Revolutionäre erfasste schließlich 382 große Privatunternehmen. Gehortetes Geldkapital, Spekulantenbesitz und Privateigentum an Produktionsmitteln, vulgo Kapitalismus – noch nicht die Marktwirtschaft an sich –, wurden innerhalb weniger Monate weitgehend abgeschafft. Die große Ökonomie des Landes, das Finanzwesen, Grund und Boden und die großen Infrastrukturen sowie Bergbau-, Energie- und Dienstleistungsunternehmen wurden fortan vom Staat kontrolliert, der nach und nach auch immer mehr wirtschaftliche und soziale Funktionen an sich zog. Interpretiert wurde der Vorgang als die reine Lehre des Kommunismus. Die

Die Kommunistische Partei Kubas (*Partido Comunista de Cuba*, PCC) wird gegründet. Während des Gründungsaktes erklärt Fidel Castro die Abwesenheit von Che Guevara und verliest dessen Abschiedsbrief, der anschließend in der ersten Ausgabe des neuen Parteiorgans *Granma* erscheint; 3. Oktober 1965.

Klassenstruktur der alten Republik brach zusammen. Teile der verbleibenden kubanischen Mittelklasse, ohne sich noch als solche zu definieren, wurden in den neuen Institutionen und im Bildungswesen zu Trägern des Castroismus, des neuen Nationalismus. Bei näherer Betrachtung ist auf der Ebene der Mikrostrukturen ein traditioneller Aspekt der Familienpolitik nicht zu übersehen: von den Mittelklassefamilien blieb oft ein Mitglied oder ein Teil auf Kuba, (auch) um das Haus oder andere Arten von Besitz zu halten, und machte in und mit der Revolution Karriere, der andere Teil ging in die Vereinigten Staaten, Spanien oder in ein anderes lateinamerikanisches Land.

Angehörige der Revolutionären Streitkräfte tragen die Getöteten des Bombenangriffs auf den Flughafen in Ciudad Libertad zu Grabe; Havanna, 16. April 1961.

Die soziale Struktur Kubas veränderte sich durch die Revolution und die Konflikte um die revolutionären Reformen rapide. Das Gros der kubanischen Großbourgeoisie, Teile der Mittelklasse, Teile des Bildungsbürgertums, Angehörige der freien Berufe (mit Ausnahme vor allem von Medizinern) und fast alle Großgrundbesitzer wanderten aus und konstituierten sich in den USA neu. Die CIA begann mit der Planung von Mordanschlägen gegen Fidel Castro und mit der Ausbildung kubanischer Flüchtlinge. US-Präsident Eisenhower ließ den inneren Widerstand und Sabotage-Aktionen massiv unterstützen und befahl Vorbereitungen zur Invasion. Im Gegenzug kaufte Kuba Waffen. Die Castro-Gruppe setzte immer deutlicher linksnationalistische und bald auch kommunistische Diskurse ein. Ziel war die realpolitische Annäherung an die andere Supermacht, nicht die Unterwerfung.

Als faktisch letzte Amtshandlung brach die Eisenhower-Administration 1961 die Beziehungen der USA zu Kuba ab. Der eben ins Weiße Haus eingezogene neue US-Präsident John F. Kennedy befahl die Invasion Kubas, ohne aber die letzte Konsequenz zu ziehen und den direkten Eingriff von US-Bodentruppen zu wagen. Allerdings bombardierten US-Flugzeuge vor der Invasion 1961 kubanische Flughäfen.

Die kubanische Führungsgruppe, das Rebellenheer und die Milizen reagierten unter der Losung »*Patria o Muerte, Venceremos*« geschlossen und kraftvoll. Der von der CIA prognostizierte »Volksaufstand gegen Castro« blieb aus. Innerhalb von 72 Stunden war am 19. April 1961 die Invasion an den Stränden *Playa Larga* und *Playa Girón* in der Schweinebucht, dem alten Einfallstor der Sklavenschmuggler, zerschlagen. Den Invasoren gelang es nicht, zu den anticastristischen Guerillas im Escambray durchzustoßen. Vor allem die castristischen Milizen (*Milicias Revolucionarias Cubanas*, MNR) zahlten den Sieg allerdings mit hohen Opfern.[29] Doch Castros Popularität wuchs ins Gigantische. Die Regierung ließ landesweit 100 000 Oppositionelle verhaften, franquistische katholische Priester wurden ausgewiesen, einige Kirchen geschlossen und alle Schulen nationalisiert. Eine Folge war die Exkommunizierung von Castro 1963.[30]

Bereits am 16. April 1961 hatte Fidel Castro den »sozialistischen und marxistisch-leninistischen Charakter« der kubanischen Revolution proklamiert und damit die UdSSR in Zugzwang gebracht. Kuba nannte sich nun »erstes sozialistisches Territorium der westlichen Hemisphäre«. Wahlen wurden unter dem Slogan »Nicht alle vier Jahre, sondern jeden Tag entscheiden sich die Kubaner für die Revolution« ausgesetzt; auch die Verfassung und die Autonomie der kommunalen Ebene (und der Universitäten) waren suspendiert. Das ist aus der Situation erklärbar: Das neue politische System war noch sehr fluid und durch Improvisation geprägt. Die Herrschaftsfrage allerdings war durch die revolutionären Milizen und den *Mando único* sowie den Ausbau eines neuen militärischen Apparates klar entschieden. (Das war in der damaligen Lage ein historischer Vorteil. Erst später, über die hier beschriebene Periode hinausgehend, entwickelten sich die fehlende demokratische Partizipation auf den oberen Ebenen und die extreme Zentralisierung der politisch-staatlichen Repräsentation auf Castro zum Hauptmanko des sozialistischen Kuba.[31]) Der »Hinterhof« der Vereinigten Staaten wurde zur »roten Insel«, zum »Fanal Kuba« und zur »Republik der Leidenschaft«. Der Mythos Revolution bekam eine Heimat.[32] In nahezu jeder US-amerikanischen Publikation über Kuba ist seither das Wort »Revolution« im Titel zu finden.

Im Oktober 1962 kam es zur Raketenkrise (auch Kubakrise, Karibik-Krise oder Oktoberkrise genannt). Die UdSSR hatte in Übereinstimmung mit der kubanischen Führung atomare Mittel-

29 Juan Carlos Rodríguez: *La batalla inevitable. La más colosal operación de la CIA contra Fidel Castro.* Havanna 1996; Tomás Diez Acosta: *La Guerra Encubierta contra Cuba.* Havanna 2006; Albert Manke: »Wir verteidigen die kubanische Revolution. Die Revolutionären Nationalmilizen Kubas, 1959–1961«. In: Udo Gerheim, Victoria Storozenko, Thorsten Teubl und Corinna Trogisch (Hrsg.): *Widersprüche, Bewegungen, Konflikte. Zwölftes und dreizehntes DoktorandInnen-Seminar der Rosa-Luxemburg-Stiftung.* Berlin 2009. S. 11–33.

30 Zur Rolle von Katholiken in der Frühphase der kubanischen Revolution: Manuel de Paz-Sánchez: »La ilusión imprevisible (1956–1959). España, los católicos y la revolución cubana«. In: *Nuevo Mundo Mundos Nuevos,* 7/2007. Auf: http://nuevomundo.revues.org/3022.

31 Michael Zeuske: »Kuba 1959–2010: Geschichte und politisches System. Notizen eines Historikers«. Erscheint demnächst.

32 Leo Huberman und Paul M. Sweezy: *Kuba. Anatomie einer Revolution.* Frankfurt a. M. 1968.

streckenraketen, Marschflugkörper und atomare taktische Gefechtsfeldwaffen auf der Insel stationiert. Als die Waffen entdeckt worden waren, blockierte die US-Flotte völkerrechtswidrig Kuba. Präsident Kennedy stellte ein Ultimatum. Auf Kuba befanden sich mehr als 40 000 Mann sowjetischer Truppen, und sowjetische Atom-U-Boote kreuzten im Atlantik nahe der amerikanischen Küste. Einen Angriff der Vereinigten Staaten, wie ihn US-Militärs befürworteten, hätte der sowjetische General Issa Alexandrowitsch Plijew mit dem Einsatz der taktischen Atomwaffen beantworten

¡ALARMA DE COMBATE!

Extra REVOLUCION SEGUNDA EDICION Extra

LA NACION EN PIE DE GUERRA

Ordena el Primer Ministro Fidel Castro ante el peligro de la agresión dispuesta por Kennedy

A las 5 y 40 de la tarde de ayer, el Primer Ministro, como Comandante en Jefe de las Fuerzas Armadas, dio la orden de alarma de combate, que sólo se establece en los casos de más crítico peligro, a todas las Fuerzas Armadas Revolucionarias. La medida fue tomada como consecuencia de las noticias procedentes de Estados Unidos, y las movilizaciones de fuerzas militares norteamericanas contra nuestro país. Rápidamente nuestras unidades de combate se pusieron en pie de lucha. Cientos de miles de hombres se movilizaron en el transcurso de sólo unas horas. Los cuadros del Partido Unido y de todas las organizaciones de masa, se están movilizando igualmente con impresionante fervor patriótico. La nación ha amanecido en pie de guerra, lista para rechazar cualquier ataque. Cada arma está en su sitio, y junto a cada arma, los heroicos defensores de la Revolución y de la Patria. Y junto a los combatientes, los dirigentes revolucionarios, el Gobierno en pleno, dispuestos a morir junto al pueblo. A lo largo y ancho de la Isla resuena como un trueno, surgido de millones de voces, el grito ya histórico y glorioso, hoy con más fervor y razón que nunca, de

¡PATRIA O MUERTE! *¡VENCEREMOS!*

FIDEL HABLARA HOY AL PUEBLO

Titelseite der *Revolución* während der Kubakrise: »Gefechtsalarm! Die Nation auf Kriegsfuß«; 22. Oktober 1962.

müssen. Die Welt befand sich am Rande eines Atomkrieges. Die kubanische Führung, vor allem die beiden Castros und Guevara, drängte die sowjetische Parteispitze zum Einsatz der Raketen. Doch die Blockmächte verständigten sich – nach einer gespenstischen Abfolge von Pannen, Irrtümern und Fehleinschätzungen – dank der Nachgiebigkeit Nikita Chruschtschows und der Besonnenheit John F. Kennedys sowie seiner engsten Berater, vor allem Robert Kennedys.[33] Allerdings verhandelten die Großmächte in einer »*Back-Channel-Diplomacy*« über die Köpfe der kubanischen Führung hinweg, die die geostrategische Bedeutung ihrer Insel überschätzt hatte.

33 Stefan Brauburger: *Die Nervenprobe*. Frankfurt a. M., New York 2002; Bernd Greiner: *Die Kuba-Krise. Die Welt an der Schwelle zum Atomkrieg*. München 2010.

Mit der Zustimmung zur Stationierung der sowjetischen Raketen hatte Kuba die Brücken zu den Vereinigten Staaten und damit im Grunde zur westlichen Welt abgebrochen. Ein klarer Fall des Missverhältnisses zwischen realer und angenommener »Größe« Kubas; ein klarer Hinweis auch darauf, wie imperiale Eliten stets zu reagieren pflegten, wenn die lokale Elite Havannas sie zu offensichtlich und in der Form zu direkt für ihre eigenen Ziele einzuspannen versuchte.

Die Rhetorik von Fidel Castro und Che Guevara nach der Krise war im Innern sehr radikal. In einer »privaten« Rede vor Universitätsstudenten warf Castro dem sowjetischen Staatschef Chruschtschow vor, keine *Cojones* zu haben; ein im Stegreif vorgetragener Kubanismus, der einen unmännlichen Feigling bezeichnet. Die Studenten sangen »*Nikita, mariquita, lo que se da no se quita*« – sinngemäß: »geschenkt ist geschenkt, wieder holen ist gestohlen« (wobei *Mariquita* den Angesprochenen zudem noch als »kleinen Schwulen« etikettiert).[34]

Der Mythos und die Fama Fidel Castros sowie bald auch Che Guevaras wurden vor dem Hintergrund der »langen« sozialen Revolution und der internationalen Beziehungen Kubas trotz oder gerade wegen der Kubakrise ein wichtiger Faktor der »großen« Politik, sowohl zwischen West und Ost wie zwischen Nord und Süd und speziell zwischen Lateinamerika, der Karibik und den USA. Damit nahm Kuba wieder eine strategische Position im atlantisch-karibischen Schnittpunkt der Blöcke ein. Der innere Kern des Mythos Revolution ist für Kubaner seit den sechziger Jahren der Mythos des Rebellenheeres.[35]

34 Hugh Thomas: *Cuba or the Pursuit of Freedom*. London 1971. S. 1414.

35 Antony Kapcia: *Cuba. Island of Dreams*. Oxford, New York 2000; ders.: »Ideology and the Cuban Revolution: Myth, Icon and Identity«. In: Will Fowler (Hrsg.): *Ideologues and Ideologies in Latin America*. Westport 1997. S. 83–104.

1960 hatte Kuba begonnen, die nationale Befreiungsbewegung Algeriens, später auch die Anhänger Amilcar Cabrals in Guinea-Bissau, mit Waffen, Versorgungsgütern und Medizinstudenten zu unterstützen.[36] Daraus entwickelte sich ein besonderer Internationalismus. Er hatte drei Hauptkomponenten: ein militärisches Programm, das bis 1991 andauerte, ein geheimdienstliches und ein ziviles Programm, in dessen Verlauf kubanische Ärzte, Techniker, später auch Sportler und Künstler in 25 Länder der Dritten Welt gesandt wurden.

36 Piero Gleijeses: *Conflicting Missions. Havanna, Washington, and Africa, 1959–1976.* Chapel Hill, London 2002. S. 30–56.

Nach *Playa Girón* gab es im Innern kaum noch militärischen Widerstand. Der Widerstand gegen den Castroismus kam von außen oder war in den Gefängnissen unter Kontrolle der bewaffneten Kräfte. Dafür aber gab es Sabotage-Aktionen, Infiltrationen von Exilkubanern an den Küsten, Terrorakte und Attentate. Im Gebirgsstock des Escambray (Guamuhaya) im westlichen Zentrum der Insel hielten sich bis 1966 bewaffnete Guerillas anticastristischer Kräfte, die militärisch ähnliche Methoden anwandten wie die Castro-Guerilla im Oriente bis 1958.[37] Die Gruppe um Fidel Castro aber hatte ihre Stellung weitgehend gefestigt, er hatte nun wirklich den historischen *Mando único*. Das wichtigste soziale Phänomen des Revolutionsjahrzehnts war ein Heirats- und Babyboom, und das bereits vor dem Sieg im Bürgerkrieg. Die Mehrheit der Kubanerinnen und Kubaner fühlte sich sicher und sah der Zukunft im eigenen Land optimistisch entgegen. Das hatte, zusammen mit den langfristigen Folgen des Babybooms von 1899–1904, starke Auswirkungen auf die Fertilitätsrate. Sie erhöhte sich vom ohnehin hohen Niveau des noch agrarisch geprägten Landes 1958 (27 Geburten per 1000 Einwohner) auf 37 Geburten per 1000 Einwohner im Jahr 1963. Die Revolution und ihre Führung genossen Vertrauen. Carlos Puebla sang *»Y el pueblo después de un año repite: gracias Fidel«* (»Und das Volk wiederholt nach einem Jahr: Danke Fidel«).

UN-Generalsekretär Sithu U Thant wird nach seiner Ankunft am Flughafen José Martí während der Kubakrise von Außenminister Raúl Roa García in Empfang genommen; Oktober 1962.

37 Timothy P. Wickham-Crowley: »Ganadores, perdedores y fracasados: hacia una sociología comparativa de los movimientos guerrilleros latinoamericanos«. In: Susan Eckstein (coord.): *Poder y protesta popular. Movimientos sociales lationamericanos.* Mexiko-Stadt 2001. S. 144–192.

Das Vertrauen war zum Teil den völlig unwirtschaftlichen Verteilungsmaßnahmen der ersten Zeit geschuldet, neben den Mietminderungen und Lohnerhöhungen etwa den Fleischausgaben, die den kubanischen Rinderbestand von 6,5 auf 4,5 Millionen verringert hatten, oder den Reisverteilungen – der Reisanbau war aufgrund massiver chinesischer Lieferungen (die allerdings schon 1966 wieder fast schlagartig eingestellt wurden) um neunzig Prozent verringert worden.[38] Vor allem aber lag es daran, dass die Masse der Bevölkerung die Revolution begrüßte und mittrug und auf eine bessere Zukunft hoffte. Utopien schienen sich zu verwirklichen: Ricardo Porras revolutionierte die Architekturformen mit seiner *Escuela de Arte Plástica* im Stadtteil Marianao von Havanna, und Schulen sowie Universitäten standen allen offen. Neubauviertel wie José Martí in Santiago, Santa Clara und Alamar bei Havanna entstanden; neue Straßen erschlossen bisher marginale Gebiete wie Baracoa oder die Ciénaga de Zapata.

38 Bettina Grote: »Reisanbau auf Kuba«. In: dies.: *Zwischen Heldenkult und Marginalisierung. Kleinbauern und Genossenschaften in Kuba 1940–1963*. Norderstedt 2004. S. 70–75.

Die Castro-Gruppe, auf Massenversammlungen im steten Dialog mit der Bevölkerung, fühlte sich politisch legitimiert. Daraus und aus den inneren sowie äußeren Konflikten zog die kubanische Führung den Schluss, dass die Revolution, nun in sozialistischer Gestalt, permanent weiterzutreiben, wenn möglich über die Grenzen des Landes hinaus, vor allem nach Lateinamerika und in die Dritte Welt, gegen den Imperialismus unter Führung der USA, wie Castro es drastisch in der Zweiten Deklaration von Havanna (1962) ausdrückte. Organisatorische und ideologische Grundlage auch dieses Revolutionsexports (übrigens ein Muss aller radikalen Revolutionen) bildeten der Trikontinentale Kongress in Havanna von 1966 und 1967 die Gründung der *Organización Latino-Americana de la Solidaridad* (OLAS). Nach dem Tod Che Guevaras 1967 verlagerte sich das Schwergewicht allerdings auf die Bewegung der Blockfreien Staaten, nach Afrika und Südostasien. Havanna wurde zwischen 1960 und 1968 zur Hauptstadt der Weltrevolution, der Besuch auf Kuba obligatorisch für die westliche linke Intelligenz; Jean-Paul Sartre beispielsweise nannte die kubanische Revolution »die einzige Hoffnung«[39].

39 Bernard-Henri Lévy: *Sartre. Der Philosoph des 20. Jahrhunderts*. München, Wien 2002. S. 429 f.

Das Sendungsbewusstsein der Kubaner war enorm. Ihr Revolutionskonzept bedeutete dabei keine blinde Übernahme eines europäischen oder sowjetischen Modells. Es stellte ein aktivistisches universales Projekt des gewaltsamen Kampfes der kolonialen »Subalternen« und des »Dorfes« gegen die »Stadt«, das heißt der Dritten gegen die Erste Welt, dar. Es begrenzte sich nicht, wie in der Doktrin der Kommunisten, auf die Arbeiter, sondern richtete sich gemäß dem Ansatz von José Martí an die Armen, Beladenen und Kolonialisierten der Welt. All dem lag letztlich die Annahme zugrunde, dass die kubanische Revolution, das Urmuster der sozialen Revolution an sich sei – originärer als die Umwälzungen in Osteuropa und Asien.

Im Innern bedeutete »Revolution« Sicherung der Unabhängigkeit, Verbesserung der Lebensbedingungen und ständigen Wandel durch Lernen mit dem Ziel der Schaffung eines »neuen Menschen«[40] – ein äußerst kreativer Prozess, vor allem im Bereich der Bildung, in den Beziehungen zwischen Stadt und Land, in der Sozialpolitik, in Kultur und Kunst. Revolution bedeutete aber auch ständige Gewalt gegen die Opposition. Allerdings war sie weniger sichtbar und auf einem niedrigeren Niveau als zur Zeit Batistas. Es kam auch zu ersten Maßregeln gegenüber der kritischen Intelligenz und Künstlern, die zur Schließung der wichtigsten Kulturzeitung des Landes *Lunes de Revolución* (eigentlich die Kulturbeilage der Zeitung *Revolución*) und zu Castros Diktum »In der Revolution alles, gegen die Revolution nichts« führten.[41]

Besonders hervorzuheben ist die Alphabetisierungkampagne zu Beginn der sechziger Jahre.[42] Sie erfasste ohne sektorale Altersbegrenzung das ganze Land. Sie wurde für viele junge Menschen, vor allem auch für junge Frauen aus den städtischen Mittelklassen, zur humanistischen Grunderfahrung ihres Lebens. Sie entdeckten erstmalig ihr eigenes Land, die ruralen, »kleinen« Kubas und die Probleme der oft farbigen Landbevölkerung, denn sie waren es, die die Kampagne bis in die hintersten Winkel der Insel trugen. Von der Revolution sollte eine neue Zeitrechnung ausgehen, deshalb bekam seit 1960 jedes Jahr einen Namen: zu Beginn das »Jahr der Agrarreform«, 1961 wurde zum »Jahr der Erziehung«. Für die armen Bauern und die Landbevölkerung waren die jungen Lehrerinnen und ihre Anstrengungen um die Bildung das Zeichen dafür, dass »die Revolution« und der Staat bereit waren, sie als zivilisierte Menschen in die neue Gesellschaft aufzunehmen. Der kubanische Nationalismus wurde damit von einem ethnischen oder politischen Eliteprojekt mit seinen kalten, weißen Martí-Büsten, Ritualen, Elitediskursen und steinernen Lokalheiligen zu einer kulturellen Massenveranstaltung der Bildung für alle – eben der

40 Miguel Martinez-Saenz: »Che Guevara's New Man: Embodying a Communitarian Attitude«. In: *Latin American Perspectives*, 31, 6/2004. S. 15–30.

41 Zur Erklärung aus kubanischer Sicht siehe: Rafael Hernández: »Walking without crutches: culture, politics and critical thought«. In: *The International Journal of Cuban Studies*. Auf: www.cubastudiesjournal.org/issue-1/articles/walking-without-crutches-culture-politics-and-critical-though.cfm.

42 Rainer Schultz: »Mit Martí und Fidel im Klassenzimmer. Die kubanische Alphabetisierungskampagne von 1961 und ihre Auswirkungen«. In: *Hispanorama* (erscheint demnächst); ders.: *Den neuen Menschen bilden: Die Transformationen im kubanischen Bildungssektor, 1959–62*. Erscheint demnächst.

kubanischen Nation auf Kuba. Die Universitäten in Havanna, Santa Clara und Santiago öffneten sich den Unterschichten mit der Universitätsreform von 1962. Sie verloren aber auch ihre traditionellen Freiheiten; die privaten und konfessionellen Bildungseinrichtungen wurden dagegen geschlossen. Neue universitäre Zentren und ein neues Sekundarschulwesen, Kindergärten und Grundschulen wurden aus dem Boden gestampft. Auf Bitten von Che Guevara überquerte die DDR-Erfahrung der Arbeiter- und Bauernfakultäten (ABF) den Atlantik (auf der Flugroute Ostberlin-Prag-Shannon-Gender-Havanna). Das Bildungsniveau wurde schrittweise erhöht, bis es zwischen 1970 und 1990 das breiteste und höchste Lateinamerikas war.

Eine junge Teilnehmerin der Kundgebung zum Höhepunkt der Alphabetisierungskampagne auf der Plaza de la Revolución in Havanna; 1961.

Allerdings war schon vor dem Invasionsversuch von 1961 die Notwendigkeit immer deutlicher geworden, dem Prozess, der seine Kraft bisher vor allem aus Begeisterung, Euphorie und Charisma gezogen hatte, eine institutionelle Basis zu geben, die neben dem *Movimiento 26-7*, den Milizen, der Armee und der Polizei die neue politische Kultur stützen, die neuen Werte verankern und zugleich verteidigen sollte. Die ersten Institutionen des neuen Systems stellten, offiziell seit Oktober 1959, Milizen aus *Campesinos* (Landarbeitern), Gewerkschaftern und Studenten dar, die die Verteidigung mit der Alphabetisierung kombinierten. Schon 1960 war die *Federación de Mujeres Cubanas* (FMC, Föderation kubanischer Frauen) gegründet worden. Sie stand unter der Führung von Vilma Espín und Haydée Santamaría, den Heroinen der Revolution. Sie und die Frauen unter ihrer Führung, oft aus der Mittelklasse stammend, spielten eine äußerst aktive Rolle bei der Durchsetzung des Castroismus sowie einer neuen Sozial-, Familien- und Sexualpolitik. Allerdings füllten sie diese Rolle gemäß dem Werteverständnis der Mittelklasse aus, also eher im Hintergrund. Unterschätzt werden sollten die Frauen trotzdem nicht; Fidel Castro hat nie gegen sie regiert.

Als Instrument im Kampf gegen Feinde des sozialistischen Kuba wurden im gleichen Jahr die *Comités de Defensa de la Revolución* (CDR, Komitees zur Verteidigung der Revolution) gegründet, eine Wach- und Kontrollinstitution auf Nachbarschaftsbasis.

Schließlich schlossen sich die Jugend des M-26-7, des *Directorio Estudiantil* und des PSP zur *Asociación de Juventud Revolucionaria* (AJR, Assoziation der revolutionären Jugend) und später zur *Unión de Jóvenes Cubanos* (UJC, Verband junger Kubaner) zusammen. Die Pionierorganisation entstand; Künstler und Schriftsteller organisierten sich in der *Unión de Escritores y Artistas de Cuba* (UNEAC, Kubanischer Schriftsteller- und Künstlerverband) und die Kleinbauern in der *Asociación Nacional de Agricultores Pequeños* (ANAP, Nationale Assoziation kleiner Landwirte).

Die Besonderheit des kubanischen Weges bestand darin, dass all dies nicht unter Führung einer Partei geschah, sondern durch einen *Máximo Lider* sowie *Comandante en Jefe* und eine Führungsgruppe geschaffen wurde, die gerade im lokalen Bereich in dauerndem Austausch mit dem Volk stand. Damit vermochte sie die erhebliche Massenbasis der Revolution wirkungsvoll in Szene zu setzen. Durch ständiges Reisen und Reden auf Massenversammlungen stand Fidel Castro im fortgesetzten Disput mit dieser Basis. Er war immer im Bilde. Und viele Kubaner fühlten sich durch diesen Austausch als Schöpfer des Neuen; eine politische Kultur der direkten Demokratie, im Sinne einer sichtbaren, erfahrbaren und erlebbaren Beteiligung an den Massendemonstrationen, aber auch an den politischen Prozessen der sozialen Transformation. Egalitarismus breitete sich aus. Je mehr sich auch Gleichheitsdenken durchsetzte, erzeugte diese politische Kultur allerdings auch Konformismus, Militanz gegen dissidente Stimmen und zentralistische Strukturen mit dem entsprechenden Kult. Allerdings war die Euphorie in den ersten Jahren ungebrochen, die übergroße Mehrheit der Kubaner und mit ihnen fast die gesamte Linke hingen in den sechziger Jahren der heroischen Illusion an, nicht nur Kuba, sondern die Welt verändern zu können. Der Mythos Kuba strahlte weltweit.

Noch fehlte eine institutionelle zivile und politische Führungsinstanz für die Massenorganisationen. Die Armee konnte diese Rolle nicht übernehmen. 1961 wurden die *Organizaciones Revolucionarias Integradas* (ORI, integrierte revolutionäre Organisationen) gegründet, der institutionelle Kern der seit 1962 entstehenden *Partido Unido de la Revolución Socialista* (PURS, Vereinte Partei der sozialistischen Revolution). Sekretär der ORI wurde Aníbal Escalante, ein Vertreter der PSP; insgesamt überwogen in der kollektiven Führung jedoch die Fidelistas des M-26-7. Sie sahen mit Misstrauen auf die stalinistische Kaderpolitik Escalantes. Die

Menschen, die in Massen in die Organisationen drängten, waren weder prokommunistisch noch prosozialistisch, sie folgten schlicht ihrem Idol Fidel: »*Si Fidel es comunista, que me pongan en la lista*« (»Wenn Fidel Kommunist ist, möge man mich auch auf die Liste setzen«). Castro zwang Escalante mit dem Hinweis »auch Kommunisten machen Fehler« zum Rücktritt. Er entmachtete damit zugleich die alten Kader der PSP. Er beließ allerdings Blas Roca, den historischen Führer der Kommunisten seit 1934, auf Ehrenämtern und Carlos Rafael Rodríguez in Machtpositionen. Fabio Grobart war fortan der Mann für die ideologische Arbeit. Der Kommunist Lázaro Peña blieb Chef der Gewerkschaft. Zum Organisationssekretär der Partei wurde Armando Hart Dávalos, ehemals überzeugter Katholik, ernannt. Das war auch als Symbol dafür gemeint, dass sich der sowjetische Stil im Staatsaufbau, in der Partei und der Institutionalisierung nicht durchsetzen würde. Kuba ging den Weg der Massenmobilisierung, was die Bürokratisierung zwar nicht verhinderte, zumindest aber erheblich verzögerte. Der Begriff von der »permanenten Revolution« versuchte zumindest in Rhetorik und Ritual, das Lebendige, Improvisierte und Kreative eines Umbruchs festzuhalten, dessen globale Zukunft in einer Revolution des weltweiten Südens gegen den reichen atlantischen Norden liegen sollte. Aus kubanischer Perspektive sollte der Osten dabei die Rolle der Schutzmacht und des Ressourcenlieferanten spielen.

Den auf Druck der USA erfolgten Ausschluss Kubas aus der *Organización de Estados Americanos*; (OEA; Organisation amerikanischer Staaten, OAS) in Punta del Este im Januar 1962 – wegen des passiven Protestes von Chile, Argentinien, Mexiko und Brasilien sowieso wenig überzeugend –, kommentierte Carlos Puebla, der Sänger der Revolution, in einem seiner Songs: »*Con OEA o sin OEA, ya ganamos la pelea*« (»Mit OAS oder ohne OAS, wir haben den Kampf schon gewonnen«).

Der kubanische Sänger und Liedermacher Carlos Puebla. Mit dem Foto wurde für das erste *Festival de Música Popular Cubana* geworben; August 1962.

Die Realität der politischen Kultur des radikalen kubanischen Nationalismus war durch den personalistischen Machtstil Castros geprägt, der auf seiner integrativen Rolle und der ihm eigenen charismatischen Autorität beruhte. Für die meisten Kubaner war und ist er immer »Fidel«, worin sich deutlich ein affektiver Paternalismus ausdrückt.[43]

[43] Michael Zeuske unter Mitarbeit von Thomas Neuner: »Fidel Castro«. In: Nikolaus Werz (Hrsg.): *Populisten, Revolutionäre, Staatsmänner. Politiker in Lateinamerika.* Frankfurt a. M. 2010. S. 298–320.

Kuba setzte den Aufbau wirtschaftlicher Beziehungen zur UdSSR und zum sozialistischen Lager fort. Das kleine karibische Land verfolgte aber auch dezidiert einen eigenen politischen Kurs. Dieser bestand unter anderem darin, zwischen der UdSSR und China zu vermitteln beziehungsweise beide sozialistischen Großmächte gegeneinander auszuspielen. Das brachte Castro und Che Guevara zeitweilig den Ruf ein, Maoisten zu sein. In Wirklichkeit aber verfolgten sie die eigene weltweite Strategie, der atlantisch-karibische Raum war ihnen längst zu klein. Fidel Castro und Che Guevara stellten dabei so etwas wie die Zwillinge der Revolution dar: Fidel war gemäßigter, staatsmännisch und eingebunden in die Verantwortung für Kuba, Che dagegen der radikale Internationalist und ungebundene utopische Revolutionär, nachdem er seinen Ämtern entsagt hatte. Im Hintergrund wirkte Raúl Castro; hier passt vielleicht sogar die Metapher von der »grauen Eminenz«.

Expertenwissen aus befreundeten Ländern: Unterricht an der *Facultad de Obreros y Campesinos* durch den Historiker Max Zeuske. Der Wissenschaftler der Universität Leipzig war als Berater beim Aufbau der »Arbeiter- und Bauern-Fakultät« Havanna tätig und Gastprofessor an der dortigen Universität; 1964.

Kernpunkte der internationalen Strategie waren die Revolutionierung Lateinamerikas und Afrikas sowie die Sammlung der blockfreien Staaten der ehemaligen Kolonialgebiete Afrikas und Asiens auf der Achse Kuba – Algerien (mit zwei Seitenästen in Guinea-Bissau und im Kongo, wo Che Guevara 1965 auf Laurent Kabila traf) – Vietnam – Indonesien. Eine solche Politik, die staatliche Außenpolitik, den Guerillakampf und die Unterstützung nichtstaatlicher Bewegungen im atlantischen, asiatischen und pazifischen Raum kombinieren musste, war nicht einfach zu bewerkstelligen.[44] Nach dem endgültigen Bruch zwischen China und der UdSSR sowie der Phase der Unsicherheit nach der Absetzung Chruschtschows kam es zur Gründung der Trikontinentale. Sie sollte den Kampf der natio-

[44] Régis Debray: *¿Revolución en la revolución?, Cuadernos de la revista Casa de las Américas.* Havanna 1967; Jorge I. Domínguez: *To Make the World Safe for Revolution: Cuba's Foreign Policy.* Cambridge 1989; Christine Hatzky: »Bildungspolitik und Transnationalismus im postkolonialen Angola – Dimensionen und Herausforderungen der Kooperation mit Kuba«. In: *Africa Spectrum*, 43, 2/2008. S. 245–268.

nalen Befreiungsbewegungen Asiens, Afrikas und Lateinamerikas gegen den Imperialismus bündeln und führen.

Es war eine der Ideen Simón Bolívars gewesen, das ehemalige Hispanoamerika zum »Herz der Welt« zu machen. Der Versuch, die »Anden in die Sierra Lateinamerikas« zu verwandeln, gipfelte und scheiterte im Versuch des Che, seine Theorien in Bolivien zu verwirklichen.[45] Dort fehlte ausgerechnet der *Llano* – die Unterstützung in den Städten und zivilen Organisationen, die Ernesto Guevara selbst für den kubanischen Guerillakrieg so unterschätzt hatte. Der globale Versuch, die westliche Hemisphäre durch die Revolutionierung Afrikas aus dem Einflussbereich der USA zu reißen, war eigentlich schon 1964 im Kongo und 1965 in Algerien gescheitert. Die Vereinigten Staaten intervenierten in der Dominikanischen Republik, um Grenzen in unmittelbarer Nachbarschaft aufzurichten. Das kubanische Konzept der Weltrevolution musste mit dem Tod von Che Guevara 1967 abgebrochen werden.

45 David Mayer: »Die Anden in die Sierra Maestra Lateinamerikas verwandeln. Die Kubanische Revolution als Teil des kollektiven Gedächtnisses Lateinamerikas«. In: *¡Atención! Jahrbuch des Österreichischen Lateinamerika-Instituts*, 8, 9/2005. S. 384–412.

Das größte interne Problem war die Wirtschaft und dabei besonders die Arbeitsproduktivität. Eine Stabilisierung gelang in den sechziger Jahren nicht. Ganz im Gegenteil, seit 1965 kam es zu Hungerkrisen. Das Wirtschaftsmodell der kubanischen Führung, die sich selbst zur Spitze einer sozialistischen Revolution erklärt hatte, war keineswegs sozialistisch im Sinne des sowjetischen Systems, sondern verband sich zunächst mit den zentralen Werten der Massenmobilisierung: Die Regierung hatte eine Neuverteilung der Mittel, des Wohneigentums und die Erhöhung der Realeinkommen garantiert – dafür sollte jetzt jeder freiwillig sein Bestes für die Allgemeinheit geben, Vorbild sein, sich ständig weiterbilden und aktiv für politische Geschlossenheit eintreten. Eine *Libreta* (Heftchen) für rationierte Waren des täglichen Bedarfs wurde eingeführt, und zwischen 1963 und 1974 dachte man sogar an die Abschaffung des Geldes zugunsten eines weitgehend vom Staat garantierten Grundeinkommens nach.[46] Bald ging man dazu über, den Arbeitern durch Möglichkeiten zur weiteren Qualifizierung zusätzliche Anreize zu geben, um somit die Effizienz zu verbessern. All dies sollte im Rahmen einer zentralisierten Wirtschaft stattfinden, deren Fernziel eine Konsumsteigerung von selbst produzierten Gütern war, das heißt die Importsubstitution durch den Aufbau einer eigenen industriellen Basis. Das ist, trotz vieler Ex-

46 Jörg Roesler: »Der ›historische Lohn‹. Kubas Erfahrungen mit einem (fast) bedingungslosen Grundeinkommen«. In: *UTOPIE kreativ*, *207*/2008. S. 28–36.

perimente, niemals gelungen, nicht nur wegen des US-Embargos, sondern auch, weil die Sowjetunion weder bereit noch in der Lage war, Kuba wirkliche ökonomische Unabhängigkeit zu gewähren beziehungsweise so viel zu investieren, dass das Land eine eigene industrielle Basis hätte aufbauen können. Selbst dann hätte die Utopie wegen der Isolierungspolitik der USA nicht verwirklicht werden können. 1967/68 drohte die UdSSR gar, den Ölhahn ganz zuzudrehen. Damit zeigten die Sowjets den Kubanern, dass auch im Kommunismus der Schwanz nicht mit dem Hund wackeln konnte. Das Land kam nicht vom Tropf der sowjetischen Unterstützung und der der anderen sozialistischen Länder los. Die Kubaner gewöhnten sich mit der Zeit sogar an die Subsidien, was der eigenen ökonomischen Effizienz nicht förderlich war. In diesem Sinne hat es zwar viele Experimente, aber nie eine wirklich sozialistische Ökonomie auf Kuba gegeben.

Besonders problematisch waren der Dienstleistungs- und der Agrarbereich sowie der Kleinhandel. Kuba hatte bis 1965 einen sehr dynamischen und zugleich für die Akteure sehr unsozialen Dienstleistungssektor. Dieser verfiel nun mehr und mehr. Einmal, weil keiner mehr den anderen bedienen wollte, das entsprach nicht mehr der revolutionären Mentalität des »neuen Menschen«. Dazu kam die Bildungsoffensive: Wenn der Druck des Kapitalverhältnisses durch die Motivation eines staatlich abgesicherten Bildungswillens ersetzt wird, werden potenziell alle zu »Akademikern«. Aber niemand möchte mehr die Straßen fegen oder einem Mitmenschen das Essen vorsetzen. Das ist eines der Hauptprobleme Kubas geblieben und führte à la longue zur Mehrfachbelastung vor allem der Frauen.

Der Agrarsektor war einerseits ein Problem, weil die Kleinbauern von den höheren Einkommen und der gesteigerten Nachfrage profitierten, andererseits, weil die neuen Bildungs- und Beschäftigungsmöglichkeiten sowie die höheren Löhne in den Städten und in den großen Staatsgütern »dem Zucker« die notwendigen (und meist) ungebildeten Saisonarbeiter entzogen. Der Gigantismus auf den Staatsgütern entfremdete die Landarbeiter vom bäuerlichen Wirtschaften. Doch der Staat konnte weder die Versorgung mit preisgünstigen Landwirtschaftsgütern auf Dauer garantieren noch das Problem der Arbeitskräfte oder die Transportfrage lösen. Die Landwirtschaft und besonders der Zuckersektor gerieten in eine Krise, und das zu einer Zeit, da die Erlöse aus den Zuckerexporten dringend nötig waren, um Kapital für die angestrebte Industrialisierung bereitzustellen. Auf staatlichen Druck reagierten sowohl die Kleinbauern wie auch die verbliebene kleine und mittlere Agrarbourgeoisie mit Panik und Produktionsverweigerung beziehungsweise dem Aufbau von informellen Verkaufsnetzen, Klientelstrukturen oder sogar offenem Widerstand. Das führte nach 1962 nochmals für kurze Zeit zum Aufschwung der bewaffneten anticastristischen Aktivitäten in bestimmten ländlichen Regionen, vor allem im Escambray-Gebirge und seinem Umland.

Die Regierung reagierte mit dem Versuch, das Embargo zu unterlaufen, so wurden zum Beispiel Geschäfte mit dem britischen Unternehmen Leyland Motors gemacht oder Kompensationsverträge mit der Schweiz und Frankreich geschlossen. Mit der bereits erwähnten zweiten Agrarreform wurden 1963 alle Besitze mit mehr als fünf *Caballerías* (67 Hektar) enteignet, das betraf etwa 10 000 Besitzer. Die Bauern wurden gedrängt, sich zu Kooperativen zusammenzuschließen. Die großen Ländereien kamen in den Besitz des Staates. Die Bauernschaft außerhalb des Latifundiums wurde vernichtet oder zog sich auf familiäre Kleinfelder zurück. Am besten funktionierten zunächst noch die bäuerlichen Kooperativen. Eine wirkliche Agrarreform im Sinne einer Bodenbewirtschaftungsreform aber fand nicht statt. Im Grunde entstand ein sozialistisches »großes« Kuba mit riesigen Staatsbetrieben und den Kooperativen, die zu etwa 15–20 Prozent aus Kleinbauern bestanden. Das war staatlicher sozialistischer Latifundismus. Da die Großbetriebe für den Export produzierten und der Staat die Gelder brauchte, zugleich aber nicht die Verteilung der landwirtschaftlichen Produkte im Innern sichern konnte, kam es zu Versorgungsengpässen und Hunger. Die »kleinen« Kubas existieren seitdem wie eh und je in der Geschichte der Insel, wenn Bedrängnis und (politische) Stimmlosigkeit vorherrschten. (Folkloristische Fernsehsendungen wie beispielsweise *»Palmas y Cañas«* vermittelten allerdings einen ganz anderen Eindruck.)

1963 begann auch eine neue militärische Offensive gegen die anticastristischen Guerillas, verbunden mit Umsiedlungen von Teilen der Bevölkerung des Escambray-Gebietes und des Hinterlandes von Cienfuegos im Dreieck zwischen Lajas, Cartagena und Aguada de Pasajeros – einer alten Schmugglerregion. Im Westen der Provinz Pinar del Río wurden neue Siedlungen wie Sandino für sie gebaut. Auch in Matanzas, Pinar del Río und im Osten gab es anticastristische Aktionen. Im Gegensatz zu Norberto Fuentes, der früher die äußeren Ursachen der bäuerlichen konterrevolutionären Aktivitäten hervorgehoben hatte, betonen neuere Forschungen, dass es sich bei den Gegnern keineswegs nur um die ländliche Bevölkerung des Escambray-Gebirges handelte, die vor allem wegen der Praxis der Agrarreform und wegen des immer deutlicheren marxistischen Kurses gegen die Regierungstruppen kämpften. Führer des Aufstandes waren vielmehr auch kleine *Colonos* aus dem *Llano*, dem flachen Hinterland von Cienfuegos, wie zum Beispiel Luis Molina, ein Apotheker aus Cartagena, zugleich kleiner Landbesitzer. Er führte eine Gruppe von Kleinbauern aus dem Raum Cartagena-Congojas an, die miteinander verwandt und verschwägert waren. Die Agrarreform hatte ihre Rechtstitel auf Grund und Boden gesichert. Aber als die Regierung den Central Parque Alto wegen Ineffizienz schließen ließ, verloren sie ihre Erwerbsarbeit. Molina fiel 1963 mit einer Gruppe von wahrscheinlich acht Mann nach einem ungefähr einstündigen Feuergefecht, bei dem sich keiner aus der Gruppe ergeben hatte. Das mag als Symbol für die Härte des Konfliktes gelten.[47]

47 Norberto Fuentes: *Nos impusieron la violencia. Prólogo de Carlos Aldana.* Havanna 1986; García Martínez, Iraida Castillo und Rina Alfonso: *El enfrentamiento armado a la revolución.* Cienfuegos 1996 (maschinenschriftl., mit freundlicher Genehmigung der Autoren).

Die Kämpfe führten zur Ausweitung des obligatorischen Militärdienstes und zur Erweiterung der Kampfzone für den Stammkader trainierter Guerillakämpfer bis nach Lateinamerika und Afrika. 1964 war die kubanische Armee rund 200 000 Mann stark.[48] Diese Schritte entzogen zwar der anticastristischen Guerilla die soziale Basis, sie förderten aber kaum eine Planwirtschaft auf dem Lande, denn im Grunde stärkten sie einerseits den extensiven Latifundismus im Sinne eines Staatsmonopols und andererseits vorindustrielle kleine Agrarstrukturen. Diese entziehen sich immer und überall der Planung großen Stils. Denn die Bauern hatten die *Barbudos* bis 1959 ja nicht massenhaft unterstützt, um später Theorien an sich ausprobieren zu lassen, sondern um ihre Rechte auf Land zu sichern und ihre Produkte zu verkaufen. Darin dürfte einer der wesentlichen Trugschlüsse von Intellektuellen und Arbeitern liegen, die Bauern »befreien« wollen.[49]

Daraufhin betonte die kubanische Führung die Notwendigkeit, die politische Integration zu verstärken, was wiederum zu größeren Anstrengungen auf dem Bildungs- und Ideologiesektor führte. Dort lehrten Männer, aber vor allem Frauen aus den Mittel-

48 Hugh Thomas: *Cuba or the Pursuit of Freedom.* London 1971. S. 1458. Victor Emilio Dreke Cruz ging vom »Kampf gegen Banditen« mit Guevara in den Kongo: Victor Dreke: *De la sierra del Escambray al Congo. En la vorágine de la Revolución Cubana. Entrevista con Victor Dreke.* New York u. a. 2002. S. 114.

49 Bettina Grote: *Zwischen Heldenkult und Marginalisierung. Kleinbauern und Genossenschaften in Kuba 1940–1963.* Norderstedt 2004.

Kubanische Truppen, hier an einer Flugabwehrkanone, in Alarmbereitschaft während der Kubakrise; Oktober 1962.

schichten und dem Bildungsbürgertum, oft fest überzeugte Antikapitalisten und Antiimperialisten. Ernster oder gar feierlicher Ideologie haben die pragmatischen Kubaner allerdings kaum je große Aufmerksamkeit gewidmet; wichtiger war nach den Regeln des *Choteo* immer das letzte Wort des *Comandante en Jefe* oder ein guter Witz. Allerdings zeigte sich im Bereich der Bildung und Erziehung auch, dass die alten, sozusagen intern-privaten sozialen Werte der kubanischen Ober- und Mittelklasse wie Rassismus im Privaten (Motto des Mutterwortes an die Tochter: »Bring mir keinen Neger!«), Machismus, ein an der Marienverehrung angelehnter Mutter- und Familienkult, Schweigen über Sexualität (was nicht fehlende Sexualität bedeutet, ganz im Gegenteil) und Ablehnung gleichgeschlechtlicher Liebe durch die neue Ideologie zwar zurückgedrängt werden konnten, aber auch bewahrt und tradiert wurden.

1965 nannte sich die PURS in *Partido Comunista de Cuba* (PCC, Kommunistische Partei Kubas) um. Gegner dieser neuen Strategie wurden in Arbeitslagern, den sogenannten Militärischen Einheiten zur Unterstützung der Produktion (*Unidades Militares de Apoyo a la Producción*, UMAP) zu »nützlicher Arbeit« gezwungen, wie zunehmend auch Homosexuelle und Künstler. Das »Militärische« dieses Namens zeigt, dass hier unter Verweis auf militärische Bedrohungen die Rechte der Bürger außer Kraft gesetzt und durch keine Justiz mehr verteidigt wurden.

Die kleine, halblegale trotzkistische Partei, über die Che Guevara seine Hand gehalten hatte, wurde aufgelöst. Im Oktober 1965 gründete sich aus den Zeitungen *Revolución*, dem von Carlos Franqui gegründeten Organ der M-26-7, und *Hoy*, der Zeitung der PSP, die *Granma*, das sicherlich langweiligste Sprachrohr des Castroismus.

Im Verhältnis zu den USA kam es immer mal wieder zu Entspannungsansätzen. Ein *Memorandum of Understanding* vom 6. November 1965 erlaubte jährlich bis zu 4000 Kubanerinnen und Kubanern, vor allem zur Familienzusammenführung in die Vereinigten Staaten zu fliegen, sogenannte *Freedom Flights*, die bis 1973 stattfanden. Am 2. November 1966 erließen die USA dann den *Cuban Adjustment Act*, faktisch ein Irredenta-Gesetz, das es Kubanern erlaubt, ungehindert in die Vereinigten Staaten zu immigrieren, und sie gegenüber anderen Lateinamerikanern privilegiert.[50]

Zwei Wirtschaftsmodelle wurden vor diesem Hintergrund in Kuba diskutiert. Ernesto Guevara präferierte eine Planwirtschaft mit zentraler Finanzierung der Betriebe aus dem Staatshaushalt und moralischen Anreizen für die Arbeiterschaft. Carlos Rafael Rodríguez und eine Gruppe von Ökonomen vertraten dagegen die These von der wirtschaftlichen Rechnungsführung der einzelnen Betriebe nach sowjetischem Muster, die mit den Kriterien »Effizienz, Wirtschaftlichkeit und Lohngestaltung nach Leistung« (!) funktionieren sollte. Die Masse der kubanischen Intellektuellen und Führungskader war gegen diese Sowjetisierung, weil sie meinten, dass eine sozialistische Modernisierung im Westen, in Kuba, auf anderen Grundlagen beruhen müsse.[51]

Die Institutionalisierung entsprach nicht dem Naturell des ewigen Guerilleros. 1965 zog sich Che Guevara von all seinen Ämtern zurück und verließ Kuba, um zunächst in den Kongo zu gehen. Andererseits griff Fidel Castros Rhetorik 1966 Guevaras Vorstellungen von Wirtschaftsentwicklung und Internationalismus auf. Eine Phase des extremen ökonomischen Voluntarismus setzte ein, die bis 1970 andauerte und durch den Tod des bereits zu Lebzeiten

50 Joyce A. Hughes: »Flight From Cuba«. In: *California Western Law Review*, 36, 2/1999. S. 39–75; Felix Masud-Piloto: *From Welcomed Exiles to Illegal Immigrants. Cuban Migration to the U.S., 1959–1995.* Lanham 1996. S. 59–68.

51 Insgesamt war diese Debatte eingebettet in den sogenannten Manualismo-Streit um die Übernahme sowjetischer Lehrbücher *(Manuales)* des Marxismus, siehe: Aurelio Alonso: »Wider die Lehrbücher des Marxismus«. In: Hans Magnus Enzensberger (Hrsg.): *Kursbuch*, 18/1969. S. 118–129; Charles Bettelheim, Fidel Castro, Ernest Mandel und Alberto Mora: *Wertgesetz, Planung und Bewusstsein. Die Planungsdebatte in Cuba.* Frankfurt a. M. 1969; Ernesto Guevara u. a.: *El debate cubano.* Barcelona 1974.

legendären »Che« noch bestärkt wurde. Der kubanische Voluntarismus hatte mehrere Quellen: Einmal Castros Führungsstil, der Charisma und den kubanischen Stil eines *Jodedor* mit Patriarchalismus und eiserner, bei den Jesuiten trainierter Disziplin verband, all das auf Basis des Guerillakrieg-Mythos. Dazu kamen jahrzehntelange Martí-Sakralisierung, nationalistische Erlösungsrhetorik und die Offenheit der kubanischen Mittelklasse für den Mythos der *Armas y Letras* (1966 publizierte Lezama Lima seinen Roman *Paradiso*). Zweitens das Menschenbild der kubanischen Revolution, das die Schaffung eines »neuen Menschen« durch den Akt der Revolution und den Prozess der permanenten Selbstüberwindung vorsah, eine mythische Mischung aus revolutionärer Schöpfung und individueller Askese. Fidel Castro war deshalb bereit, gigantische Ressourcen aus Kuba für den weltweiten revolutionären Kampf abzuziehen. Dazu kam die Mentalität der immer noch sehr jungen Führung, Castro selbst war gerade einmal vierzig Jahre alt. Sie lässt sich in der Maxime »das Unmögliche ist das Realistische« zusammenfassen. Zur Mobilisierung mochte das genügen, aber Wissenschaft und Wirtschaft bedurften anderer Qualitäten, wie die fehlgeschlagenen Versuche zur »revolutionären« Zucht eines neuen Rindertyps schmerzlich zeigten. Die Kreuzung einheimischer Zebus mit 15 000 über die Sowjetunion importierten Holsteinrindern sollte den neuen Milchkuh-Prototyp »F-1« *(Efe Uno)* kreieren, der hohe Milch- und Fleischerträge abwerfen und zudem tropentauglich sein sollte. Castro versuchte, die politische Mobilisierung gegen die Ergebnisse der Wissenschaftler auszuspielen. Der Fehlschlag belastet Viehhaltung, Milchproduktion und Fleischversorgung bis heute.

Um die Mitte der sechziger Jahre wurde immer deutlicher, dass die Ziele der heroisch-euphorischen Phase der Revolution nirgends so erreicht worden waren, wie sie in vielen Projekten, Utopien und Reden skizziert worden waren. Zu dieser Zeit verlor die Insel Kuba auch ihre traditionelle strategische Position im Atlantik. Mit Interkontinentalraketen konnten die Großmächte das Territorium des jeweils anderen ohne Zwischenstation erreichen. Außerdem wurden transatlantische Flugreisen billiger als Schiffsreisen, die althergebrachte atlantische und globalstrategische Rolle des Hafens Havanna fiel damit weg.

Angesichts der alltäglichen Mangelwirtschaft, des Hungers, der gewaltigen Fehler aus Mangel an Professionalität, des revolutionären Chaos aus enthusiastischer Überreaktion, der Konsumgüterrationierung bei Egalisierung der Verteilungsstrukturen, der zunehmenden Bürokratisierung sowie der Herausbildung einer klientelistischen Funktionärselite war die Masseneuphorie der ersten Jahre verflogen. Das drückte sich im Alltag in der Stagnation der Heirats- und Geburtenrate sowie im Anstieg der Scheidungsrate aus.

Der lebendige Austausch der frühen sechziger Jahre verfestigte sich zu inszenierten politischen Ritualen. Neue Gefängnisse entstanden und füllten sich. Auch die revolutionäre Außenpolitik war angesichts der Staatsstreiche in Algerien und Indonesien sowie des Vietnamkrieges, vor allem aber aufgrund des Todes von Ernesto Guevara und Tamara Bunke 1967 in Bolivien, gescheitert. Aber »die Revolution« besaß jetzt eine Ikone von globaler Geltung, Che Guevara wurde zum Symbol des ewigen Revolutionärs gegen den US-Imperialismus, wie der Vietnamkrieg zum antiimperialistischen Krieg par excellence wurde. Das Todesjahr Guevaras trug auf Kuba folgerichtig den Namen »Jahr des heroischen Vietnam«. Mit dem Tod des »kubanischen« Argentiniers war die durch Kuba vorangetriebene Weltrevolution des Westens eigentlich zu Ende – ihre Ideologie verlagerte sich in einer Art Transsubstantion vor allem auf die Studentenbewegungen nach Westeuropa und Nordamerika. Zunächst machte die kubanische Führung noch einen großen Versuch, ein breites Bündnis mit der westlichen linken Intelligenz zu schmieden oder deren wichtigste Vertreter wenigstens für ihre Vorstellungen zu gewinnen. Im Januar 1968 richtete die kubanische Regierung einen Kulturkongress in Havanna *(Congreso Cultural de La Habana)* zum Thema »Kolonialismus und Neokolonialismus in der kulturellen Entwicklung der Völker« aus. Es nahmen etwa fünfhundert Intellektuelle aus mehr als sechzig Staaten teil. Die Liste der Teilnehmer mit einer Vielzahl bekannter europäischer Namen liest sich wie ein Who's Who der Linken und

Simone de Beauvoir und Jean-Paul Sartre während ihres ersten Besuches in Kuba im Februar und März 1960.

Linksliberalen: Kostas Axelos, Maurice Blanchot, Hans Magnus Enzensberger, Marguerite Duras, Giulio Einaudi, Giangiacomo Feltrinelli, Max-Pol Fouchet, André Gunder Frank, André Gorz, Robert Gallimard, Daniel Guérin, Eric Hobsbawm, Kewes Karol, Michel Leiris, Ralph Miliband, Luigi Nono, Rossana Rossanda, Jorge Semprún, Jean-Pierre Vigier und Arnold Wesker. Kurz vor Beginn des Kongresses hatten Ernst Fischer, Jean-Paul Sartre und Bertrand Russel aus gesundheitlichen Gründen ihre Teilnehme abgesagt. Aus Lateinamerika kamen unter anderen Mario Benedetti, Aimé Cesaire, René Depestre, Julio Cortázar, Wifredo Lam und Roberto Matta. In der Abschlussrede am 12. Januar 1968 betonte Fidel Castro vor den versammelten Delegierten die Bedeutung und das Verständnis der Intellektuellen für die Lösung der gesellschaftlichen Widersprüche sowohl in den reichen als auch in den sogenannten unterentwickelten Staaten der Welt. Das beispielhafte Engagement Che Guevaras hätte, so Castro, die größte Wirkung auf die Intellektuellen ausgeübt. Angesichts der im dogmatischen Denken verhafteten kommunistischen Parteien würde der Kampf gegen den Imperialismus und die kulturelle Einflussnahme der Vereinigten Staaten hauptsächlich von den Intellektuellen getragen.

In der Innenpolitik Kubas begann das internationale Jahr 1968 mit zunehmenden Versorgungsmängeln, Unzufriedenheit, Gefangenenstreiks, steigenden Kriminalitätsraten und Arbeitsverweigerung. Im Rahmen der guevaristischen Wirtschaftskonzeption löste Castro die sogenannte »revolutionäre Offensive« aus.[52] Wegen der katastrophalen Verhältnisse im Kleinhandel mit niederen Löhnen und schlechten Arbeitsbedingungen schüttete der Máximo Líder gleich zu Beginn das Kind mit dem Bade aus: »*De manera clara y terminante debemos decir que nos proponemos eliminar toda manifestación de comercio privado* [Auf klare und bestimmende Weise sagen wir, dass wir uns vornehmen, jegliche Manifestation des privaten Handels zu beseitigen]«.[53] Das traf in Havanna vor allem chinesische Besitzer in Centro Habana. Im ganzen Land wurden 11 201 *Bodegas* (Mischwarengeschäfte), 1457 *Puestos de vianda* (Obst- und Gemüseläden), 634 Wäschereien und Färbereien sowie 3482 *Timbiriches* (eine Art »Tante-Emma-Laden«) enteignet.[54] Im Grunde handelte es sich um einen Wiederbelebungsversuch der Revolution

52 Fidel Castro: »Rede zur Revolutionären Offensive vom 13. März 1968«. In: Hans Magnus Enzensberger (Hrsg.): *Kursbuch*, 18/1969. S. 130–154 (gekürzte deutsche Fassung); ders.: *Ausgewählte Reden*. Berlin 1976.

54 Miriam Herrera Jérez und Mario Castillo Santana: *De la memoria a la vida pública. Identidades, espacios y jerarquías de los chinos en La Habana republicana (1902–1968)*. Havanna 2003. S. 166.

in der Art eines »großen Sprungs«, nun aber auf Kuba konzentriert und mit einer Mobilisierung für wirtschaftliche Ziele. Damit einher ging die Sakralisierung der Figur des Che. Zunächst kam es fast zum Bruch mit der Sowjetunion. Kuba betrieb seit langem eine vorsichtige Annäherung an Westeuropa, vor allem an Frankreich.[55] Im August 1968 begrüßte Castro dann einerseits den sowjetischen Einmarsch in der CSSR, andererseits kam es zur exemplarischen Verurteilung einer innerparteilichen Gruppierung, der sogenannten »Mikrofraktion« aus Altkommunisten, zur Disziplinierung von Künstlern und Intellektuellen sowie zum politischen Machtzuwachs von Innenministerium und Militär. Die »revolutionäre Offensive« beseitigte das Privateigentum bis auf wenige Reste. Restaurants, Bars und der Kleinhandel wurden verstaatlicht. Dieser im Grunde unverzeihliche Fehler gegen die »kleine« Marktwirtschaft brachte das Land wirklich an den Rand des Ruins, Kuba als eine Insel mit guter Dienstleistung ist seitdem Geschichte. Überreste des Privatsektors überlebten nur im Taxigewerbe, bei einigen älteren Medizinern und auf dem Lande.

Es kam zur strikten Rationierung von Lebensmitteln, Konsumgütern und Benzin, was Castro mit scharfer Kritik an der UdSSR und anderen Ostblockländern verband. Für Pesos gab es praktisch nichts mehr zu kaufen, was zu schweren Versorgungsengpässen, zu Tauschhandel und Geldhortung führte. Die Abschaffung des Geldes schien wirklich bevorzustehen. Telefonie, Eintritte und Bücher waren kostenlos, die Preise für öffentliche Verkehrsmittel wurden auf ein symbolisches Minimum gesenkt. Einheits- und Grundeinkommen ersetzten die unterschiedlichen Löhne in den Wirtschaftszweigen.[56] Auf der Isla de Pinos, 1966 in Isla de la Juventud (Insel der Jugend) umbenannt, fand ein Großversuch statt, den internationalen Kommunismus zu praktizieren. Zugleich wurden Internatslandschulen eingeführt. Allerdings fehlte die Sexualerziehung; die Zahl der Jungmädchen-Schwangerschaften unter den von der häuslichen Herrschaft der Alten Befreiten schnellte in die Höhe. In einer Massenmobilisierung sondergleichen, vor allem von Schülern, sollte Kuba zum wichtigsten Exporteur von Zitrusfrüchten der Welt werden. Alle Kubaner mussten einen Arbeitsplatz nachweisen; wer das nicht konnte, wurde von der Polizei aufs Land transportiert und dort zur Arbeit gezwungen beziehungsweise in die berüchtigten UMAP gebracht. Das verband sich mit einer verstärkten Kampagne gegen »arbeitsscheue« Künstler, An-

55 Thomas Neuner: *Kuba und Frankreich: eine Mesalliance 1959–1971* (Dissertation, verteidigt im Juni 2010 an der Universität zu Köln, unveröffentlicht).

56 Jörg Roesler: »Der ›historische Lohn‹. Kubas Erfahrungen mit einem (fast) bedingungslosen Grundeinkommen«. In: *UTOPIE kreativ*, *207*/2008. S. 28–36.

hänger der Rockmusik und Homosexuelle. Langhaarige Jugendliche in Jeans wurden verhaftet. Wären nicht Künstler wie Silvio Rodríguez oder Pablo Milanés gewesen, die sich trotz dieser Unterdrückung mit ihrer *Nueva trova* durchsetzten, wäre Kuba sogar von neuen Entwicklungen in der Musik abgekoppelt worden. In der traditionellen Musik war und ist Kuba wie eh und je Weltmacht an musikalischer Kreativität. Dafür stehen bis heute *Mujer perjura* von Barbarito Diez, der Stimme des *Danzón*, die Klassiker von Rita Montaner, der *Son de la Loma* oder die *Lágrimas negras* von Miguel Matamoros, die Romanzen von María Teresa Vera Vera (1917–1965), der »Mutter« der *Tova*, oder etwa ihr *Veinte años*. Diese Titel werden heute wieder im Stil des Social Club interpretiert. Dazu kommen die Tradition der großen Orchester der dreißiger bis fünfziger Jahre, Celia González, Rubén González, Compay Segundo und Elíades Ochoa sowie viele andere, heute auch der kubanische Jazz, Gerardo Alfonso oder die Orishas.

Das Scheitern der Vorstellungen einer kurzen und »schönen« Revolution ohne größere Schwierigkeiten, aber auch das Scheitern der Industrialisierungsversuche und der Agrarreformen zwangen Kuba, der Landwirtschaft und ihrem Hauptprodukt, dem Zucker, wieder stärkere Aufmerksamkeit zuzuwenden. Zunächst kam es – wie bei der übertriebenen Ruralisierung, der Rinderzucht und den Zitrusfrüchten – zu Kampagnen, die fast jedem Volkswirtschaftler die Tränen in die Augen trieben. Aber der Höhepunkt war noch nicht erreicht. Zum Hauptziel der revolutionären Offensive wurde eine Zehn-Millionen-Tonnen-Zuckerernte für 1970 deklariert, die sogenannte *Gran Zafra*. Damit sollten, staatlich geplant, gelenkt und geführt, alle wirtschaftlichen und politischen Probleme gelöst, in intensivierter Massenmobilisierung Kader erzogen und zugleich die Überlegenheit des kubanischen Systems vor aller Welt demonstriert werden. Auf die »zehn Millionen« wurden Mittel, Menschen und Ressourcen konzentriert. Die übrige Wirtschaft und die Versorgung fielen weiter in Chaos und Missorganisation, übertüncht durch ideologische Parolen oder politischen Druck.

Das große Ziel der »zehn Millionen« wurde nicht erreicht. Aber es gab dennoch Erfolge, die erklären können, warum es in der durch den Misserfolg ausgelösten Krise nicht zu massiven und offenen politischen Aktionen gegen das System oder Fidel Castro selbst kam. Die Kampagne hatte durchaus Integrationsfunktion, denn es war in der Tat eine gigantische Ernte von knapp 8,5 Millionen Tonnen eingebracht worden. Die Massenorganisationen konnten ihre Mitgliederzahlen stark erhöhen. Erstmals waren die Landbevölkerung und vor allem auch die Frauen in eine nationale Aufgabe eingebunden worden. Auf dem Land wurden zudem im Zuge der Mobilisierung Schulen und ärztliche Konsultorien geschaffen. Die geforderte Erntemenge war aber schließlich durch Unzulänglichkeiten des veralteten Industrieapparates, Verwaltungsschlamperei sowie logistische Schwierigkeiten in Organisation und Transport nicht erreicht worden. Das gab Fidel Castro die Möglichkeit, die Bürokratisierung und mangelnde Effizienz zu kritisieren.

Mit dem Scheitern des voluntaristischen Experiments wurde allerdings deutlich, dass die Transformation nach mehr als zehn Jahren einen institutionellen Wandel nach sich ziehen musste. Das Land bedurfte einer anderen Wirtschaftspolitik. Eine erneute Annäherung an die Sowjetunion erwies sich als notwendig. Kuba konnte allein nicht überleben. Die Castro-Gruppe hatte das revolutionäre Potenzial des Landes, der Dritten Welt und der westlichen Hemisphäre überschätzt. Die Insel war fast der Weltrevolution geopfert worden. Den demografischen Schlussstrich unter das Kuba der zweiten Republik, der Revolution und der Jahre des Aufbruchs der jungen dritten Republik setzte der Zensus von 1970.[57]

Der Preis der Annäherung an die UdSSR waren vor allem technologischer Rückschritt und Schweigen zwischen der sich institutionalisierenden Revolution und den Intellektuellen. Es kam zur Sowjetisierung und Vereinheitlichung des Bildungssystems nach den Leitlinien des katechisierten Marxismus-Leninismus. Als Erste mussten die originären Intellektuellen, meist Antikapitalisten, Freunde der französischen Kultur und Che-Anhänger, die sich mit westlichem Marxismus und der ganzen Breite des kulturellen Erbes befasst hatten, die Folgen dieses Politikwechsels erleiden. Die einflussreiche Zeitschrift *Pensamiento Crítico* wurde 1971 eingestellt; die Philosophische Fakultät der Universität Havanna faktisch geschlossen. Eine wahrscheinlich einmalige Debattenkultur des westlichen Marxismus verlosch zwar nicht, aber die Stimmen in Kuba verstummten. Intellektuelle Melancholie breitete sich aus; nicht so sehr in Malerei, Musik, Plastik und Poesie, aber in der Philosophie (die Sprache philosophischer Universitätslehrtexte ist noch heute unerträglich) und partiell auch in der Literatur. Die heroische Phase der Revolution war zu Ende, nicht aber die Transformation. Die eigentliche Verankerung des Castroismus in der

57 República de Cuba, Junta Central de Planificación: *Censo de Población y Viviendas 1970*. Havanna 1975.

Geschichte Kubas geschah tatsächlich erst zwischen 1976 und 1990. Die radikale kommunistische Rhetorik diente der Verankerung des Nationalismus.

Sowjetische Berater und Produkte sowie Erzeugnisse aus anderen sozialistischen Ländern strömten nach Kuba. Die zum Teil miserablen Produkte ersetzten die amerikanischen Konsumgüter wie Kühlgeräte, Fernseher und andere Gebrauchsgegenstände. Ladas und Moskwitschs verdrängten Buicks und Cadillacs aus dem Straßenbild. Neubaublocks im Einheitsstil brachten die experimentelle Bauweise der sechziger Jahre zum Stillstand. Das Heer, die am stärksten konsolidierte Institution Kubas, begann sich zu professionalisieren, es wurde nach sowjetischem Muster ausgerüstet, uniformiert und strukturiert.

In seinen Reden nach 1970 übte Castro Kritik am Voluntarismus, ohne allerdings die Heldenfigur des Che anzutasten. In der Historiografie wurden die Unabhängigkeitskriege des 19. Jahrhunderts und der Guerillakrieg unter dem Motto »100 Jahre Revolution« zu nationalen Meistererzählungen stilisiert. Die Revolution bekam eine lange Geschichte. Die Afrokubaner erhielten mit dem *Cimarrón* von Miguel Barnet (1966) neben dem Leiden an den Strukturen der Massensklaverei, wie sie Manuel Moreno Fraginals in *El Ingenio* meisterlich analysiert hatte, auch eine revolutionäre Vergangenheit.[58]

[58] Miguel Barnet: *Biografia de un cimarrón.* Havanna 1966; Manuel Moreno Fraginals: *El Ingenio.* Havanna 1964; siehe auch: Michael Zeuske: »The Cimarrón in the Archives: A Re-Reading of Miguel Barnet's Biography of Esteban Montejo«. In: *New West Indian Guide/ Nieuwe West-Indische Gids*, 71, 3 und 4/1997. S. 265–279. Die Geschichte des 20. Jahrhunderts, somit auch der sechziger Jahre, aus der Perspektive einer schwarzen Frau mit einer Großmutter, die Sklavin gewesen war, bietet: Daisy Rubiera Castillo (Hrsg.): *Reyita, sencillamente (Testimonio de una negra cubana nonagenaria).* Havanna 1997 (auf Deutsch: *Ich, Reyita. Ein kubanisches Leben.* Zürich 2000).

Die Zukunft war eigentlich unklar, sollte aber in einem Sozialismus nach osteuropäischem Vorbild liegen. Oft wurde Bulgarien als Vorbild genannt. Der von der marxistisch-leninistischen Theorie beschworene und in vielen offiziellen Dokumenten der kommunistischen Parteien des Ostens festgeschriebene »Übergang zum Kommunismus« war in diesem Zusammenhang so etwas wie eine bürokratisierte Prophezeiung. Zunächst setzte aber eine Phase der Repression, Institutionalisierung und Disziplinierung ein – das sogenannte »graue Jahrfünft« von 1971 bis 1976.[59]

Beide Perioden, die eher chaotisch-kreativen sechziger und die grauen Jahre der Institutionalisierung bis 1976, legten allerdings den Grundstein dafür, dass Kuba letztendlich zum ersten Sozialstaat Lateinamerikas wurde.

[59] Rafael Hernández: »Walking without crutches: culture, politics and critical thought«. In: *The International Journal of Cuban Studies.* Auf: www.cubastudiesjournal.org/issue-1/articles/walking-without-crutches-culture-politics-and-critical-though.cfm.

Ernesto Che Guevara und Jorge Ricardo Masetti, Gründer und erster Direktor der *Prensa Latina*, während eines Empfangs von Delegationen ausländischer Nachrichtenbüros in Havanna; 16. Januar 1960.

DAS NEUE KUBA
DIE BILDER

Begleitet von einer Massendemonstration, erfolgt auf der Plaza de la Revolución die Erste Deklaration von Havanna. Fidel Castro macht sich zum Fürsprecher aller Länder Amerikas und pocht auf die Einhaltung der Menschenrechte; 2. September 1960.

RECHTS UNTEN Die Deklaration liegt öffentlich aus, so dass die Menschen mit ihrer Unterschrift ihre Unterstützung bekunden können; 2. September 1960.

Mit Plakaten und auf Spruchbändern bekunden die Menschen ihre Unterstützung, auf einigen ist insbesondere der Protest gegen die O.E.A., die Organisation Amerikanischer Staaten (OAS), unmissverständlich formuliert; 2. September 1960.

»Die Haie [d. h. die USA und die OAS] werden diese kleinen Sardinen nicht zu fressen bekommen! Es lebe Kuba!«; 2. September 1960.

Ministerpräsident Fidel Castro auf der Plaza de la Revolución vor seiner Rede zum Internationalen Tag der Arbeit; Havanna, 1. Mai 1961.

Unter der Losung »Patria o Muerte« [»Vaterland oder Tod«] erwarten die Menschen die Parade zum 1. Mai 1960. Wenige Wochen zuvor hatte Fidel Castro diese Parole erstmals ausgegeben, die fortan zum festen Bestandteil der Revolutionsrhetorik gehören sollte.

Fidel Castro, der Präsident der Republik Osvaldo Dorticós und Verteidigungsminister Raúl Castro während der Feierlichkeiten zum dritten Jahrestag der Kubanischen Revolution auf der Plaza de la Revolución in Havanna; 2. Januar 1962.

OBEN Verteidigungsminister Raúl Castro ergreift während der Kundgebung zum 1. Mai 1963 in Havanna das Wort. Sein Bruder Fidel Castro befand sich zu der Zeit erstmals auf Staatsbesuch in der Sowjetunion.

UNTEN Wie schon bei der Ersten Deklaration haben die Kubaner auch bei der Verkündung der zweiten Erklärung die Möglichkeit, durch ihre Unterschrift ihre Unterstützung zu bekunden; Havanna, 4. Februar 1962.

Mehr als eine Million Menschen kommen zur Verkündung der Zweiten Deklaration von Havanna auf der Plaza de la Revolución zusammen. Symbolisch werden die USA und die Organisation Amerikanischer Staaten zu Grabe getragen; 4. Februar 1962.

20160

WOR
GES

Die Parade nimmt Aufstellung; Havanna, 1. Mai 1963.

Parolen zur Unterstützung der Nationalisierung privater Unternehmen in den Schaufensterscheiben des Bekleidungsgeschäfts *Ramallo* in Havanna; Dezember 1962.

OBEN Plakate zur Unterstützung der Nationalisierung privater Unternehmen in den Schaufensterscheiben; Dezember 1962.
UNTEN Cliford Drake, Präsident und Manager der Texaco, und Ricardo Perrenot, leitender Angestellter, werden von der kubanischen Regierung über die Verstaatlichung in Kenntnis gesetzt. Auslöser für diese Übernahme ist die Weigerung der US-amerikanischen Ölgesellschaften, sowjetisches Erdöl zu verarbeiten, das von den Kubanern zugeliefert wird; 1960.

Eine aufgeregte Menge versammelt sich nachts vor dem bekannten Kaufhaus *El Encanto* in Havanna: nach einem Brandanschlag mit Phosphor durch Agenten der CIA steht das gesamte Gebäude in Flammen; 13. April 1961.

Florsheim
shoes
¡ABAJO LOS SABOTEADORES,
¡CRIMINALES.
¡VIVA EL 1º DE MAYO!
NAC. LICORERA

Der Anschlag auf das *El Encanto* fordert ein Todesopfer sowie mehrere Verletzte, das Kaufhaus wird dabei vollständig zerstört; Havanna, 13. April 1961.

Am 4. März 1960 ereignen sich im Hafen von Havanna zwei verheerende Explosionen auf dem französischen Frachter *La Coubre*. Über 100 Menschen sterben und über 200 werden verletzt, als das mit belgischen Waffen beladene Schiff an der Anlegestelle Tallapiedra explodiert. Experten nennen Sabotage als wahrscheinlichste Ursache, und es wird eine Beteiligung des US-Geheimdienstes CIA vermutet.

OBEN Ungefähr eine halbe Stunde nach der ersten Explosion kommt es zu einer zweiten, noch gewaltigeren, der viele Helfer zum Opfer fallen, die mit der Erstversorgung der Verletzten beschäftigt sind; Havanna, 4. März 1960.

UNTEN *Comandante* Che Guevara eilt unmittelbar nach der Explosion zur Unglücksstelle, begleitet von vielen aufgebrachten Landsleuten.

Die Opfer des Unglücks auf der *La Coubre* werden nur einen Tag nach der Explosion unter der Anteilnahme von Hunderttausenden auf dem Friedhof Christóbal Colón in Havanna beerdigt; Havanna, 5. März 1960.

Trauerzug für die Opfer der Bombenangriffe vom 15. April 1961 durch US-amerikanische Flugzeuge des Typs B-26 auf die Luftwaffenbasis San Antonio de los Baños und die Flughäfen von Ciudad Libertad sowie Santiago de Cuba. Bei der Kundgebung an der Straßenecke 23/12 im Stadtteil Vedado von Havanna erklärt Fidel Castro den sozialistischen Charakter der kubanischen Revolution; 16. April 1961.

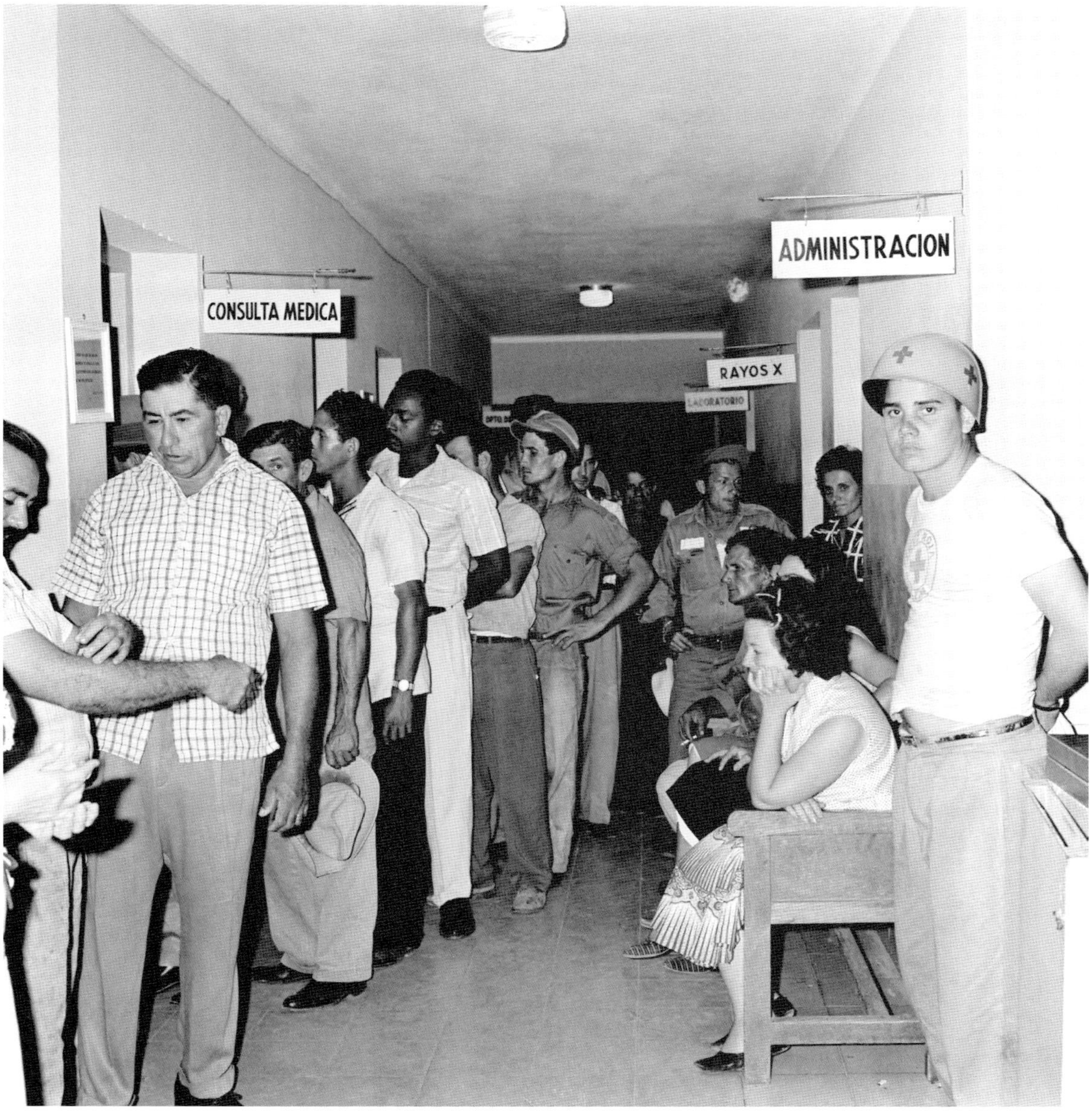

Angesichts der drohenden Invasionsgefahr strömen die Menschen am Tag der Angriffe auf die kubanischen Luftwaffenstützpunkte in die Krankenhäuser, um Blut zu spenden und so für den Ernstfall besser gerüstet zu sein; 15. April 1961

Am 17. April 1961 landen etwa 1500 Exilkubaner, ausgebildet von der CIA, an den Stränden Playa Girón und Playa Larga in der Schweinebucht. Die »Brigade 2506« sollte ein kleines Gebiet längere Zeit halten, bevor dann die US-Streitkräfte »zu Hilfe« gerufen werden konnten.

UNTEN Mitglieder der Revolutionären Streitkräfte (FAR) und der Nationalen Revolutionären Milizen (MNR) während der Invasion in Playa Girón, April 1961.
OBEN Ein Milizionär während der Verteidigung von Playa Girón; 19. April 1961.

US-Marineeinheiten halten sich in Gewässern unweit des Geschehens in Gefechtsbereitschaft. Doch die Invasoren werden in weniger als 72 Stunden von der kubanischen Armee und den Milizen geschlagen, etwa 1200 Angreifer geraten in Gefangenschaft.

Als Fidel Castro am Morgen des 17. April von den Kämpfen erfährt, befehligt er sofort Artillerie- und Panzerverbände in die Schweinebucht und mobilisiert die verbliebenen Luftstreitkräfte, bevor er selbst vor Ort erscheint; April 1961.

Ein Panzer der Revolutionären Streitkräfte (FAR) in Gefechtsstellung am Playa Girón. Die kubanischen Truppen erlitten bei ihrem heftigen Abwehrkampf gegen die gut ausgerüstete Invasionsbrigade hohe Verluste; 18. April 1961.

Nach anfänglichen Erfolgen wird die Lage für die Angreifer dramatisch: Die Verteidigung ist gut organisiert und effektiv. Als nach anhaltendem Beschuss aus der Luft die Versorgungs- und Nachschubschiffe der Invasoren gezwungen sind, aufs offene Meer auszuweichen, sind die an Land befindlichen Bodentruppen auf sich allein gestellt.

HIER US-amerikanische Schnellboote, die zu landen versuchten, ziehen sich aufgrund der heftigen Gegenwehr zurück; Playa Girón, 18. April 1961.

Panzer der Revolutionären Streitkräfte (FAR) nehmen ihre Verteidigungsstellung ein; Playa Girón, April 1961.

Beide Seiten verlieren bei Luftkämpfen etliche Bomber. Die US-geführten Invasoren können dabei auf Ersatzmaschinen vom amerikanischen Festland setzen, die teils mit exilkubanischen, teils mit amerikanischen Crews besetzt sind. Als zwei von ihnen abgeschossen werden, ist dies für die Öffentlichkeit der letzte Beweis für eine Beteiligung der US-Amerikaner an dem Unterfangen.

HIER Ein Angehöriger der revolutionären Milizen posiert auf dem Wrack eines abgeschossenen B-26-Bombers; April 1961.

Ein abgeschossenes US-amerikanisches Flugzeug wird von kubanischen Soldaten inspiziert. Es trug zur Verwirrung der Verteidiger die gleichen Hoheitszeichen wie die Kampfflugzeuge der revolutionären Streitkräfte (FAR); 19. April 1961.

OBEN Die von den CIA-Angehörigen Grayston Lynch und William Robertson geführte Invasion mit dem Namen »Operación Zapata« scheitert am 19. April 1961: Ohne Nachschub geht den Angreifern nach 65 Stunden die Munition aus und sie kapitulieren.

UNTEN Die verschiedenen Abzeichen eines gefangen genommenen Angehörigen der geschlagenen exilkubanischen Brigade »2506«; April 1961.

Erst Ende Dezember 1962 sind die USA bereit, die in Gefangenschaft befindlichen Truppen gegen medizinische Güter, Nahrungsmittel und landwirtschaftliche Maschinen im Wert von über 50 Millionen Dollar auszulösen.

HIER Umringt von kubanischen Soldaten und Milizionären erhält ein Angehöriger der »Brigade 2506« erste Verpflegung nach seiner Festsetzung; April 1961.

Die revolutionären Milizen feiern ihren Sieg über die Invasoren und die USA, die für den Angriff verantwortlich waren. Auch in weiten Teilen des Auslands, besonders in vielen lateinamerikanischen Ländern, herrscht Sympathie für die Kubaner; April 1961.

Pro-kubanische Demonstration in den USA nach dem Invasionsversuch in der Schweinebucht; 1961

HIER UND NÄCHSTE SEITE Eine Demonstration für Fidel Castro in New York während seines Aufenthalts in der Stadt. Für Aufsehen sorgte die Weigerung des Hotels *Shelburne*, den *Comandante en Jefe* und seine Entourage zu beherbergen, weshalb diese ins berühmte Hotel *Theresa* im Stadtteil Harlem auswich; ein Umzug mit enormer Signalwirkung, war das *Theresa* doch eines der Zentren des »Schwarzen Lebens« und somit der unterdrückten Minderheit in der Metropole; September 1960.

MEN
CUBA
26
JULIO

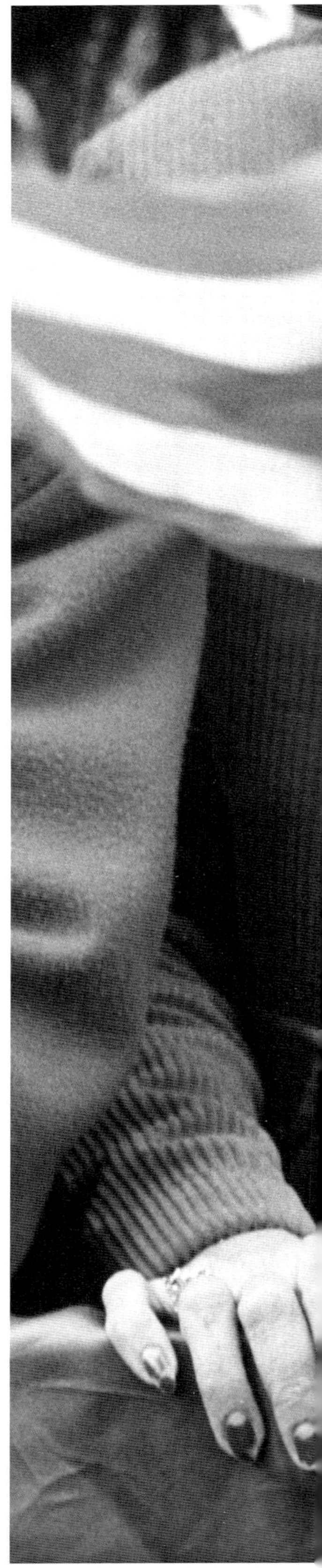

HIER UND NÄCHSTE SEITE Ausreise von Kubanern im Hafen von Camarioca auf der Halbinsel Varadero. Wer sich für das Exil entscheidet und Verwandtschaft in den Vereinigten Staaten hat, kann ab dem 28. September 1965 auf dem Seeweg die Insel in Richtung Florida verlassen. Wenig später, am 6. November 1965, wird ein Migrationsabkommen unterzeichnet, das Ausreisemodalitäten regeln soll und eine Luftverbindung zwischen beiden Staaten installiert; November 1966.

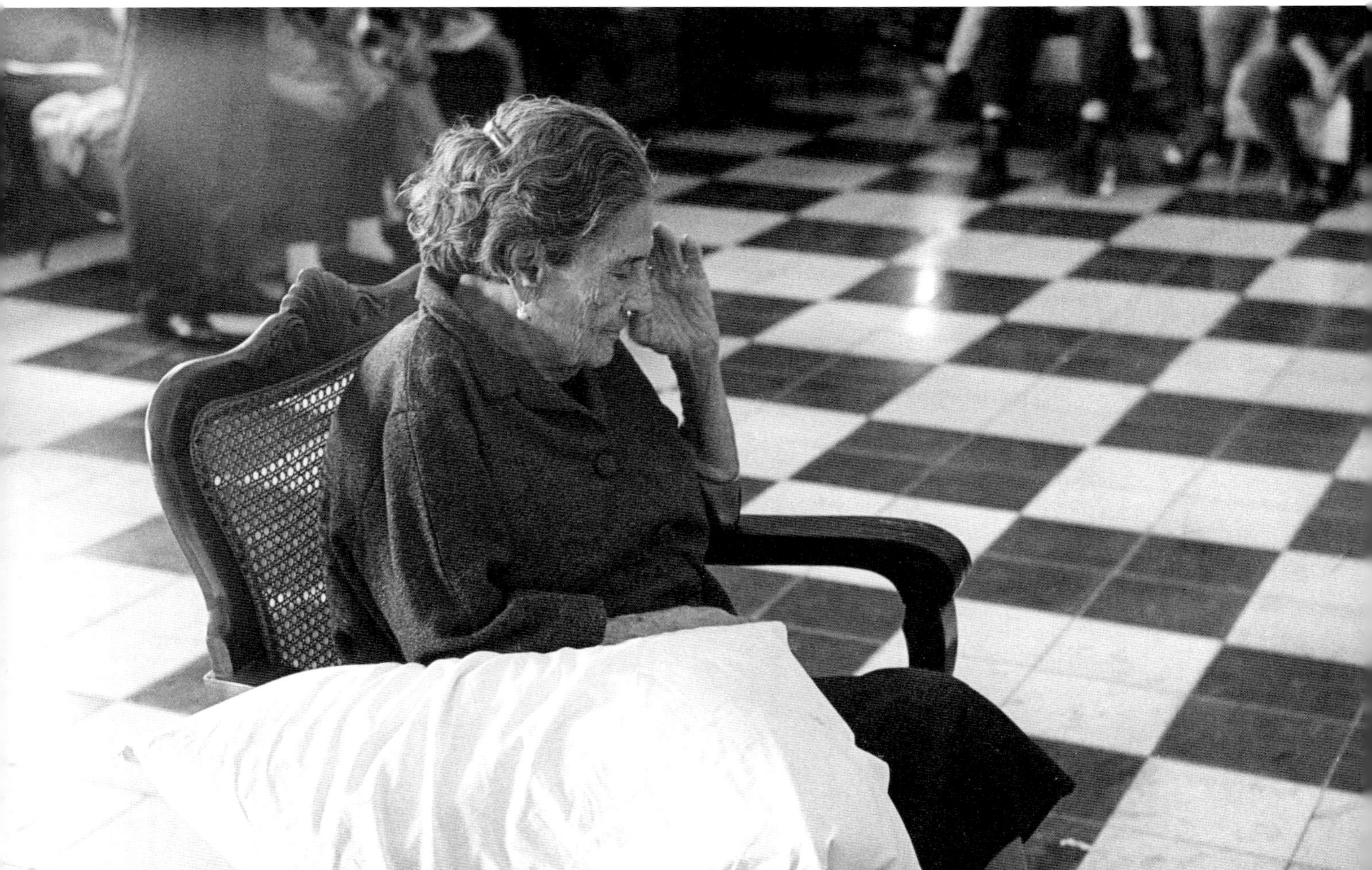

Leuchtschilder mit dem Motiv der ersten Trikontinentale-Konferenz, die vom 3. bis 15. Januar 1966 in Havanna stattfindet. Längst waren die Kubanische Revolution und ihre Protagonisten zum Vorbild für viele Länder der »Dritten Welt« geworden, zumal Kuba, namentlich Ernesto Guevara, den »Export« der Revolution in andere Weltgegenden propagierten. *El Che* sollte sich zu diesem Zeitpunkt bereits mit den Planungen einer Guerilla in Lateinamerika beschäftigen; Havanna, Januar 1966.

ASIA
AFRIC.
7º

Schlusskundgebung der Trikontinentale-Konferenz.

Abgeordnete aus 82 Staaten der »Dritten Welt« kommen in Havanna über Dekolonialisierung: Es entsteht die Organisation der Solidarität mit den Völkern Asiens, Afrikas und Lateinamerikas. Berühmt wird Che Guevaras *Botschaft an die Trikontinentale-Konferenz* von 1967, die zum bewaffneten Kampf gegen den Imperialismus aufruft (»Schaffen wir zwei, drei, viele Vietnam«); beide Havanna, Januar 1966.

Comandante Ernesto Che Guevara wird während seines China-Besuches in Xi'an, Hauptstadt der Provinz Shaanxi, von Studenten der dortigen Jiaotong-Universität begrüßt. Ergebnis seines Besuches in der Volkrepublik, während dort der »Große Sprung nach vorn« versucht wird, ist ein Handelsabkommen mit dem Reich der Mitte. Später sollten unter anderem Guevaras Sympathien für China zu Konflikten mit Fidel Castro führen; November 1960.

Im Rahmen einer mehrmonatigen Reise durch Osteuropa besucht Ernesto Che Guevara, zu diesem Zeitpunkt Präsident der Nationalbank Kubas, in Begleitung einer kubanischen Wirtschaftsdelegation vom 13. bis 17. Dezember auch die DDR.

LINKS OBEN Bei der Besichtigung von Einrichtungen der Deutschen Hochschule für Körperkultur.
LINKS UNTEN Im Institut für Ausländerstudium der Karl-Marx-Universität überreicht ein Student dem Gast einen Blumenstrauß.

HIER Che im Gespräch mit den am Institut für Ausländerstudium immatrikulierten kubanischen Studenten. In der hinteren Reihe links ist Tamara Bunke zu sehen, Guevaras spätere Kampfgefährtin; alle Bilder: Leipzig, 15. Dezember 1960.

Die Agrarreform ist das wichtigste und folgenreichste Unterfangen der neuen Regierung. Sie wird unter großer Geheimhaltung und unter Federführung von Che Guevara unmittelbar nach dem Sieg der Revolution geplant, und zu ihrer Umsetzung wird im Mai 1959 eigens das Instituto Nacional de la Reforma Agraria (INRA; Nationales Institut für die Agrarreform) gegründet.

HIER Auf der Ranch Mundito übergibt Fidel Castro persönlich Landtitel; o. D.

Das erste Reformgesetz, das am 3. Juni 1959 in Kraft tritt, setzt Obergrenzen für Landbesitz fest, alle darüber hinausreichenden Flächen werden nationalisiert und entweder in staatliche Kooperativen umgewandelt oder Kleinbauern übereignet.

HIER Gemäß dem Gesetz über die Landreform erhält im Rahmen einer feierlichen Zeremonie die Bäuerin Juana Díaz Grund und Boden als ihr Eigentum; o. O., 1960.

Bau von Häusern und Wohnungen für die Mitglieder einer Fischerei-Kooperative in Manzanillo in der Provinz Oriente; 1961.

Verantwortlich für die Ausgestaltung der neuen landwirtschaftlichen Kooperativen ist das INRA, das schon bald nach seiner Gründung im Mai 1959 für fast alle staatlichen Maßnahmen in ländlichen Gebieten des Landes zuständig ist, wie etwa für Siedlungsprogramme, Infrastrukturmaßnahmen oder Einrichtungen zur medizinischen Versorgung; 1961.

Wohnungsbau in Santiago de Cuba, der zweitgrößten Stadt des Landes. Im Neubauviertel José Martí werden Häuser für Einwohner des benachbarten Stadtteils San Pedrito errichtet; 23. September 1969.

Die Siedlung Carbonico, errichtet in der Gegend von Gibara an der Nordostküste der Insel für die dort ansässigen Köhler und ihre Familien, kurz vor der Übergabe an die zukünftigen Bewohner am 26. Juli 1967; Juni 1967.

1961 wird offiziell zum »Jahr der Bildung«: Eine Alphabetisierungskampagne von ungeheurer Dimension setzt ein und erreicht insbesondere auch das ländliche Kuba in den entlegensten und unzugänglichsten Gebieten. Nach nur kurzer Zeit wird die Kampagne zum Modell für viele Länder der »Dritten Welt«. An der Kampagne nehmen 270 000 Kubaner als Lehrkräfte teil. Gut 700 000 Menschen lernen lesen und schreiben.

DIESE UND FOLGENDE SEITEN Kundgebung zum Höhepunkt der Alphabetisierungskampagne auf der Plaza de la Revolución in Havanna; 22. Dezember 1961.

Auf den Fahnen ist der Name eines afro-kubanischen Alphabetisierers, Conrado Benitez, zu lesen, der im Januar 1961 von Gegnern der Revolution ermordet worden war und zum Märtyrer der Kampagne wurde.

Rund 100 000 Teilnehmer waren Schüler und Studenten.

Als die Revolution siegt, besuchen nur zwei Drittel der Stadt- und nur ein Drittel der Landkinder eine Schule, und fast die Hälfte der kubanischen Bevölkerung kann weder lesen noch schreiben. Tausende junge und gut ausgebildete Kubaner gehen daraufhin aufs Land, teils als Mitglieder von »Bildungsbrigaden«, um die Menschen dort in schnell errichteten Schulen zu unterrichten.

Kundgebung zum Höhepunkt der Alphabetisierungskampagne auf der Plaza de la Revolución in Havanna. Zu sehen sind Öllampen aus China, die auf dem Land benutzt wurden; 22. Dezember 1961.

Für viele junge Menschen, gerade auch für junge Frauen aus der städtischen Mittelklasse, wird die Kampagne zur »humanistischen Grunderfahrung ihres Lebens« [Michael Zeuske]; die meisten entdecken dabei auch zum ersten Mal ihr eigenes Land.

RECHTS Für die Bauern und die Landbevölkerung waren die jungen Lehrerinnen und ihr Bemühen um die Bildung das Zeichen dafür, dass die Castro-Regierung willens war, sie in die neue Gesellschaft aufzunehmen; o. D.

Durch vielfältige Anstrengungen wird das Bildungsniveau in Kuba in den sechziger Jahren kontinuierlich erhöht, bis es zwischen 1970 und 1990 als das breiteste und beste ganz Lateinamerikas gilt.

Das System der »Biblio-Busse« bietet auch Kindern aus bildungsfernen Familien oder ländlichen Regionen Zugang zu Literatur und Bildung; jeweils 1966.

Gerade die bis dahin vernachlässigte bäuerliche Landbevölkerung sollte von den sozialen Reformen nach der Revolution profitieren.
HIER UND GEGENÜBER Blick in ein neu errichtetes Schulgebäude für die Arbeiter- und Bauernbildung; 1964.

Schon bald nach der Revolution beginnt die Regierung, Kasernen in Schulen und Schulstädte umzubauen und neue Schulen, Universitäten und Bibliotheken zu errichten. Darüber hinaus werden private und konfessionelle Bildungseinrichtungen geschlossen.

HIER Fidel Castro übergibt in einem offiziellen Akt die Militärkaserne *Colombia* an den Erziehungsminister Armando Hart, damit sie in eine Schule umgewandelt werden kann; 14. September 1959.

Im Zuge ihres Erziehungs- und Bildungsprogramms errichtet die Regierung Castro neue universitäre Zentren mit freiem Zugang aller, ein neues Sekundarschulwesen und Abendschulen, in denen Erwachsenen ein breites Kursangebot gestellt wird.

HIER »Wir werden die sechste Klasse meistern!« Zwei junge Frauen in einem Klassenzimmer einer Schule für Arbeiter und Bauern; Juli 1966.

Bereits 1959 wurde in Cubanacán, einem Vorort von Havanna nahe bei Miramar, mit dem Bau einer revolutionären Hochschule der Künste, der *Escuela Superior de Arte*, begonnen, die Bildende Künste, Modernen Tanz, Theater, Musikwissenschaften und Ballet vereinen und sich dabei auf kubanische Traditionen stützen soll.

HIER Musikschüler der *Escuela Superior de Arte* auf dem Campus der Hochschule; Havanna-Cubanacán, Juni 1964.

OBEN Die *Escuela Superior de Arte*. Die Architekten Ricardo Porro, Roberto Gottardi und Vittorio Garati schufen den modernen Gebäudekomplex, dessen Architektur und ambitionierte Gestaltung in den sechziger Jahren für Furore sorgte, auf dem Gelände des vormaligen *Havana Country Club*; Juni 1968.

HIER Studenten der Bildenden Künste während einer Unterrichtsstunde; 1968.

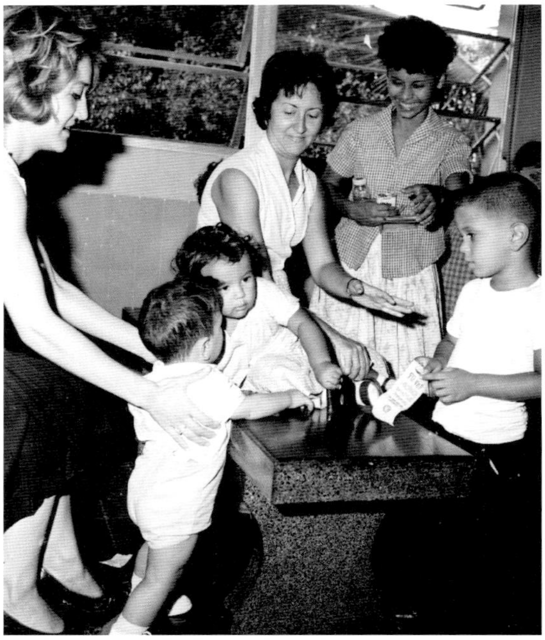

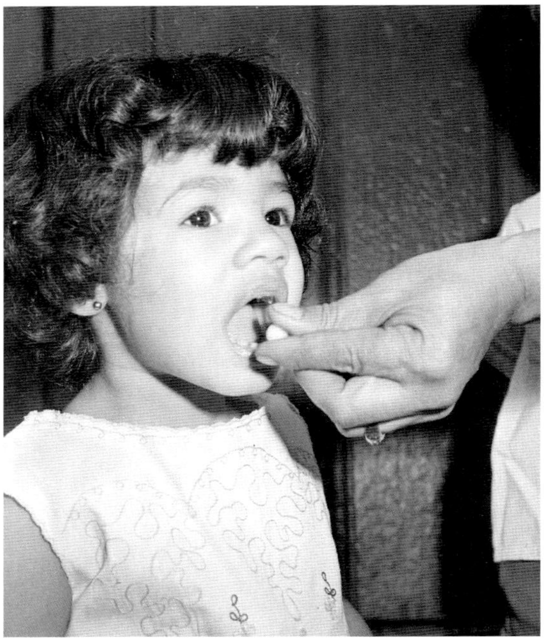

Forciert wird der landesweite Ausbau des Gesundheitswesens, auch und gerade auf dem Land, so dass kubanische Ärzte aufgrund ihres hohen Ausbildungsniveaus schließlich auf dem ganzen südamerikanischen Kontinent gefragt sind.

OBEN Impfkampagnen gegen Kinderlähmung 1960 (links) und 1965 (rechts).
UNTEN Ansicht des Kindergartens *Jesús Menéndez*; September 1965.

HIER UND SEITE 127 Im Heim *Granma* leben Kinder ohne familiäre Obhut. Solche Betreuungsprojekte werden von den neuen Machthabern im ganzen Land initiiert, um auch Kindern aus armen Familien die Möglichkeit zu Schulbildung und Studium zu geben; Januar 1961.

OBEN Die Präsidentin der Föderation Kubanischer Frauen (FMC) Vilma Espín (1930–2007) bei der Einweihung des Kindergartens *Los Andinos*, gelegen im Gebäude des Arbeitsministeriums; Havanna, 25. August 1967.

UNTEN Vilma Espín während der Trikontinentale-Konferenz. Die Ehefrau von Raúl Castro war eine der einflussreichsten Frauen Kubas und übte immer wieder die Rolle der First Lady aus; Havanna, 3. bis 10. Januar 1966.

Erd- und Bauarbeiten im Stadtteil Vedado: Der bald im ganzen Land bekannte und beliebte Eispalast *Coppelia* unweit des Hotels *Habana Libre* entsteht; Havanna, 1965.

Die *Coppelia* wird schnell zu einer echten Institution in Havanna. Im preisgekrönten Film *Erdbeere und Schokolade* des kubanischen Regisseurs Tomás Gutiérrez Alea heißt es darum: »Die berühmteste Eisdiele zwischen Miami und Feuerland«; 1965.

Seit März 1962 beziehen die meisten Kubaner ihre Nahrungsmittel des täglichen Bedarfs rationiert über ein Verteilungssystem mit Bezugsmarken *(Libreta de Abastecimiento)*. Das Markenheftchen ist deshalb allgemein als *Libreta* bekannt.

HIER Eine Konservenfabrik für Gemüse im Verwaltungsbezirk Güira de Melena in der Provinz La Habana; 1968.

OBEN Die Bier- und Malzbierbrauerei *Guido Pérez* im Stadtteil Cotorro; Havanna; 1968.
UNTEN Die meisten Produkte, deren Bezugsmengen über das *Libreta*-System bestimmt sind, werden über lokale Einzelhändler, die landestypischen Bodegas, vertrieben.

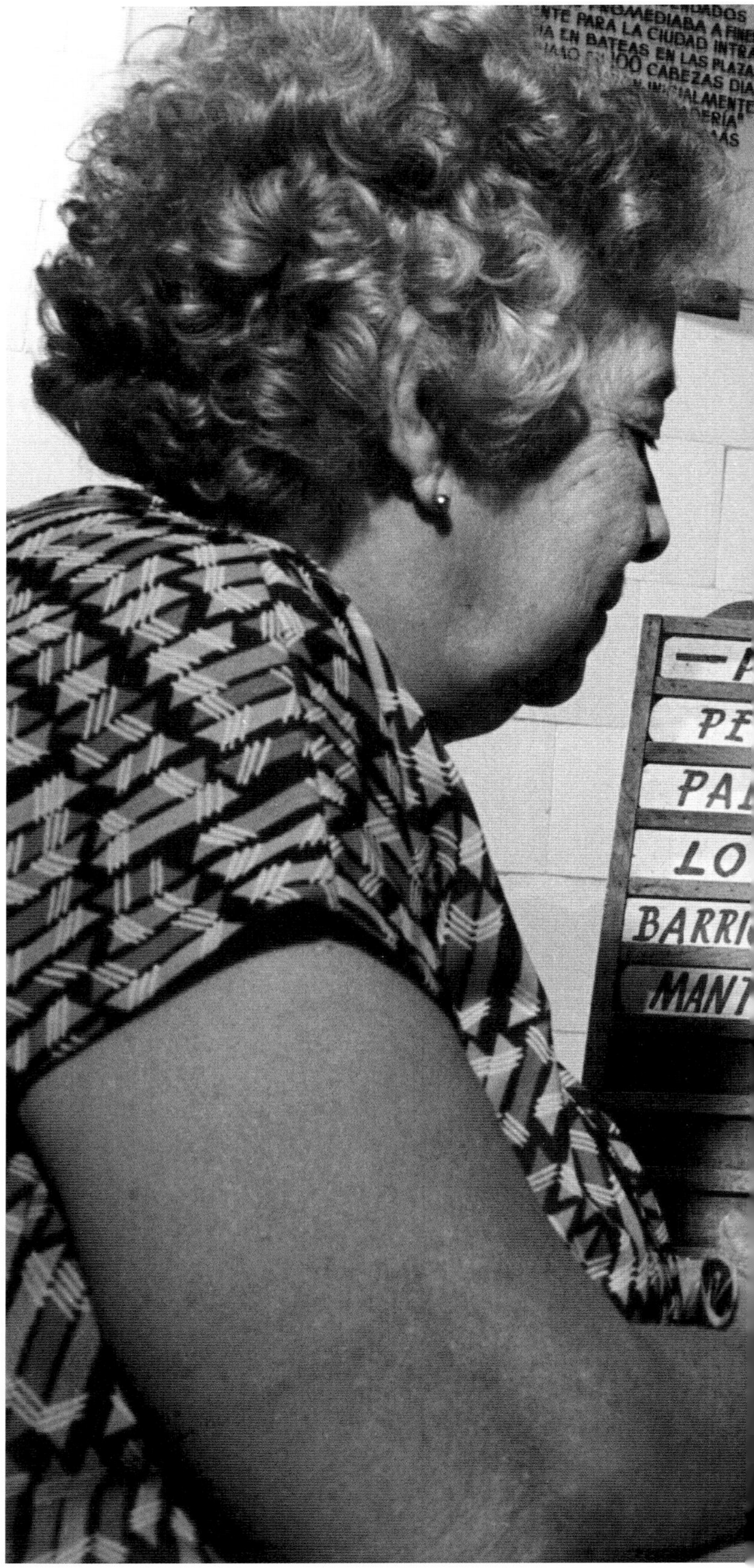

Eine Fleischerei im Bezirk Habana Vieja, dem historischen Zentrum von Havanna. Auch Fleisch- und Wurstwaren werden über die *Libreta* bezogen. Sie wird einmal jährlich ausgegeben und ist nur im jeweiligen Wohngebiet gültig; sechziger Jahre.

0
4^{50} LB.
4^{25} LB.
4^{25} LB.
3^{00} LB.

Eine Großmetzgerei für Wurstwaren;
Havanna 1966.

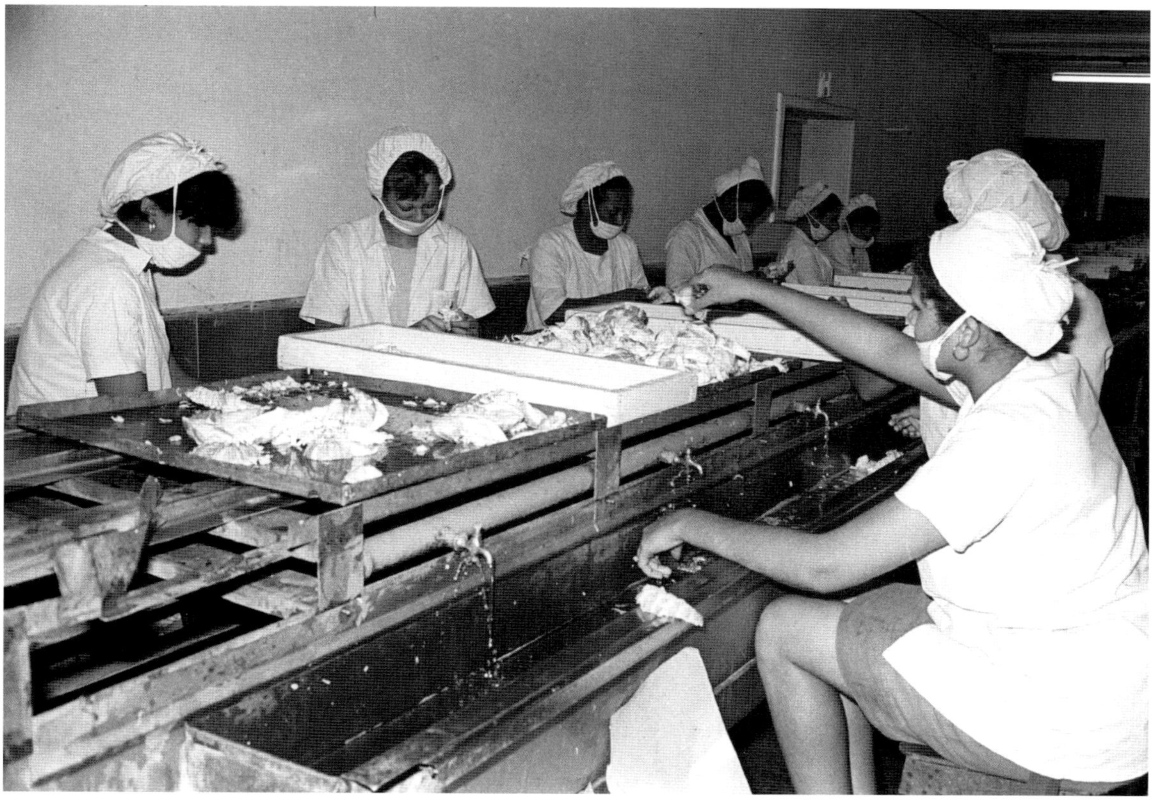

OBEN LINKS Das Fleischkombinat von Camagüey, der drittgrößten Stadt Kubas; 1966.
UNTEN Frauen beim Zerteilen des Fangs in einer Fabrik für Meeresfrüchte in der Küstenstadt Surgidero de Batabanó (Provinz Havanna); 27. Juni 1961.

OBEN RECHTS In einer Fabrik für Guavenpaste und Süßwaren aus Guaven in Remedios in der Provinz Las Villas (heute Villa Clara) werden am Fließband verdorbene Früchte aussortiert, bevor er zur weiteren Verarbeitung kommt; September 1969.

Arbeiter des landwirtschaftlichen Volksbetriebes *Märtyrer der Moncada* bei der Feldarbeit; November 1963.

Auch der *Comandante en Jefe* Fidel Castro legt immer wieder selbst mit Hand an, hier während eines Freiwilligen-Arbeitseinsatzes bei der Aussaat von Pinien; 1965.

Eine Milchfarm im Sonderverwaltungsbezirk Isla de Pinos (Pinieninsel). Nach der Revolution verfolgt die neue Regierung den Plan, die Insel, die Kuba auf der karibischen Seite vorgelagert ist, gezielt zu einem landwirtschaftlichen Zentrum auszubauen. Tausende, zumeist junge Menschen aus Ländern der »Dritten Welt« werden dafür angeworben und leben in zahlreichen, auf der ganzen Insel verteilten Internaten. 1966 erfolgt darum die Umbenennung des Eilands in Isla de la Juventud (Insel der Jugend).

OBEN Fidel Castro bei der Besichtigung einer Rinderfarm; 1968.
UNTEN Eine Delegation besucht einen landwirtschaftlichen Forschungsbetrieb, wo im Rahmen des *Plan Niña Bonita* ertragreicher Nutztiere gezüchtet werden. Das Vorhaben wird von dem Verband PEC organisiert und vom 21. bis 23. Februar 1969 umgesetzt; wohl 1969.
GEGENÜBER Ein landwirtschaftlicher Volksbetrieb in Bauta, spezialisiert auf Milchwirtschaft; August 1963.

Arbeiter des landwirtschaftlichen Volksbetriebs *Märtyrer der Moncada*; November 1963.

КИМОВСК

Die Sowjetunion unterstützt Kuba nicht nur mit Gütern aus eigener Produktion, sondern auch mit dringend benötigten Rohstoffen wie Erdöl, nachdem die USA 1960 eine Wirtschaftsblockade über die Insel verhängt haben.

HIER Ein sowjetischer Frachter, der unter anderem Drehgestelle für Schienenfahrzeuge geladen hat, wird im Hafen von Havanna gelöscht. Seine Ankunft markiert die Einweihung einer neuen Seeroute zwischen der UdSSR und Kuba; 1965.

Kubanische Stipendiaten kehren an Bord des Dampfschiffs *Nadeschda Krupskaja* aus der UdSSR zurück. Auch umgekehrt funktioniert der Austausch von Fachkräften und Studenten: Über Jahrzehnte hinweg kommen Menschen aus sozialistischen Ländern zu Ausbildungszwecken nach Kuba, wo nach den Reformen der Castro-Regierung das beste Bildungssystem ganz Lateinamerikas aufgebaut wird; April 1964.

Juri Gagarin zu Besuch in Havanna am Jahrestag des Sturms auf die Moncada-Kaserne von 1953. Der sowjetische Kosmonaut Gagarin hatte kurz zuvor, am 12. April 1961, den ersten bemannten Raumflug der Geschichte absolviert. Staatspräsident Osvaldo Dorticós und Premier Castro sowie Antonio Núñez Jiménez begleiten den Ehrengast. Unmittelbar zuvor konnte ein Attentatsplan der CIA vereitelt werden: Castro und Gagarin sollten auf der Tribüne von einem Scharfschützen erschossen werden; 26. Juli 1961.

Am 7. Februar 1962 verhängt die US-Regierung ein Handelsembargo gegen Kuba, das zu gravierenden Versorgungsengpässen auf der Insel führt.
HIER Ein sowjetischer Frachter, der die US-Blockade der Insel durchbrochen hat, steuert mit Treibstoff beladen den Hafen von Havanna an; März 1963.
RECHTS Festakt zur Übergabe eines Schwimmdocks, das die Sowjetunion der kubanischen Regierung zum Geschenk gemacht hat; Havanna, 1964.

SALUDAMOS LA AMISTAD CUBANO-SOVIETICA
¡VIVA el INTERNACIONALISMO PROLETARIO! I.N.P.

1963 ist die wirtschaftliche Situation Kubas nach den Reformen erstmals angespannt. Zusätzlich verschärft wird die Situation durch den verheerenden Hurrikan Flora, der im Oktober 1963 die Insel gleich vier Mal überquert und dabei in den Provinzen Oriente und Camagüey massive Schäden anrichtet.

OBEN Überschwemmungen und Schäden durch den Hurrikan; 7. Oktober 1963.
UNTEN Fidel Castro hilft bei der Evakuierung der Zivilbevölkerung; 4. Oktober 1963.

Zigtausende Einwohner strömen angesichts des bevorstehenden Hurrikans zu den Evakuierungspunkten und versuchen, ihr Hab und Gut in Sicherheit zu bringen.

Viele Häuser werden durch den Sturm zerstört oder unbewohnbar gemacht, die Menschen müssen in provisorischen Unterkünften Zuflucht suchen und dort notversorgt werden; 4. Oktober 1963.

Sturmopfer werden in der Provinz Oriente von Soldaten der Revolutionären Streitkräfte per Hubschrauber in Sicherheit gebracht. Für rund tausend Menschen kommt dennoch jede Hilfe zu spät; 5. Oktober 1963.

Nach der Revolution unternimmt die neue Regierung große Anstrengungen, alle Gebiete der Insel zu integrieren und die Verkehrsinfrastruktur auszubauen. Auch der Schutz vor Umweltkatastrophen wird verbessert, insbesondere soll durch die Anlage von Be- und Entwässerungskanälen den verheerenden Überschwemmungen vorgebeugt werden.

HIER Bau des Stausees *Paso Seco* in der Provinz La Habana; 1969.

HIER Der Staudamm *Jimaguay* in der Provinz Camagüey wird errichtet; 1969.
NÄCHSTE SEITE Bau eines Staudamms in Santa Cruz im Süden der Provinz Camagüey; 1969.

BE-099798

Kuba zählt zu den bedeutendsten Fördernationen der Nickel-Industrie, auf der Insel gibt es große Vorkommen des Metalls. LINKS OBEN In der Anlage *Pedro Sotto Alba* in Moa, Provinz Holguín, wird das geförderte Nickel weiterverarbeitet; März 1966.

Die übrigen Bilder sind in der Mine und Nickel-Verarbeitungsanlage *René Ramos Latour* in Nicaro entstanden, ebenfalls in der Provinz Holguín gelegen. RECHTS UNTEN Im Direktorium der Anlage; 1966.

HIER UND GEGENÜBER Eine Saline in der Region Itabo, Provinz Matanzas; 1963.

PATRIA MUERTE
VENCEREMOS

Die sechziger Jahre zeigen ein selbstbewusstes Kuba im Bemühen, die Lücke zu den weiter industrialisierten Nationen zu schließen und durch fieberhafte Anstrengungen die agrarisch geprägte Insel in kurzer Zeit zu industrialisieren. Doch nicht zuletzt wegen des US-Embargos glückt der Aufbau einer eigenen industriellen Basis nicht, die Unterstützung der UdSSR bleibt notwendig.

LINKS Fahrradfabrik, 1969.

RECHTS Errichtung des Heizkraftwerks von Mariel in der Provinz La Habana; 1962.

Nach anfänglichen Versuchen, von der Zucker-Monokultur wegzukommen und die Ökonomie Kubas auf anderen Säulen zu errichten, kehrt die Regierung Castro Mitte der sechziger Jahre zur althergebrachten Situation zurück und fördert wieder verstärkt den Zuckersektor, traditionell die wichtigste Einnahmequelle des Landes.

HIER Die Zuckerfabrik *Argelia Libre* (Freies Algerien) im Verwaltungsbezirk Las Tunas; 1969.

Die Zuckerfabrik *Antonio Guiteras* in der Provinz La Habana. Die Aufschrift auf den Türmen weist auf das große ökonomische Unterfangen des Landes zum Ende des Jahrzehnts hin, die *Gran Zafra*: Für die anstehende Zuckerernte der Erntesaison 1969/70 wird als Ziel der sensationelle Ertrag von zehn Millionen Tonnen ausgegeben. Staatschef Castro spricht von einer »nationalen Verpflichtung«; 1969.

Das Plansoll einer Zehn-Millionen-Tonnen-Ernte wird nicht erreicht. Mit 8,5 Millionen Tonnen bringt Kuba allerdings die höchste Zuckerernte seiner Geschichte ein. Dennoch: Die *Gran Zafra* wird offiziell zur Niederlage erklärt, die der *Máximo Líder* seinen Landsleuten persönlich vor laufenden Kameras erläutert; 1970.

LINKS Fidel Castro während eines Freiwilligen-Arbeitseinsatzes beim Schnitt von Zuckerrohr; o. J.

Baseball ist in Kuba Nationalsport, und auch der *Comandante en Jefe* Castro zeigt sich als begeisterter Anhänger. In seinen jungen Jahren spielt der spätere Revolutionsführer in der Universitätsmannschaft und bekommt sogar eine professionelle Karriere bei den New York Giants angeboten, die er allerdings ausschlägt.

RECHTS Fidel Castro nimmt an einem Spiel teil; August 1964.

OBEN Während der Eröffnung der II. Amateur-Baseballmeisterschaft; 1963.

FIDEL CASTRO BEIM BASEBALL

Camilo Cienfuegos im Gespräch mit dem US-amerikanischen Schriftsteller Waldo Frank, der in Lateinamerika hohes Ansehen genoss; September 1959.

Fidel Castro empfängt W. A. Raifford, Häuptling des Stammes *White Birds* der Creek-Indianer in den Vereinigten Staaten. Bei dem freundschaftlichen Treffen ernennt Raifford den kubanischen Premier zum *Spiheechie Meeko* (»Großer Krieger-Anführer«) und übergibt ihm zudem einen wertvollen Kopfschmuck aus Adlerfedern. Links neben Raifford: Antonio Núñez Jimènez; 16. Juli 1959.

EL DIARIO DEL CHE EN BOLIVIA

LINKS Verteilung von kostenlosen Exemplaren des *El Diario del Che en Bolivia*, des *Bolivianischen Tagebuchs*, an die kubanische Bevölkerung; 1. Juli 1968.
RECHTS Der Schriftsteller und Ethnologe Miguel Barnet. Mit seinem Buch *Der Cimarrón (Biografía de un Cimarrón)*, der das Leben eines ehemaligen Sklaven aufzeichnete, wird er 1966 einem weltweiten Publikum bekannt; 1965.

José Lezama Lima, kubanischer Schriftsteller und Kritiker von Weltrang, wird gerade von jungen Intellektuellen seines Landes verehrt. Neben vielen herausragenden Werken trägt sein 1966 erschienener Roman *Paradiso* zu seinem Ruhm bei; 1970.

LINKS Carlos Puebla, der »Sänger der Revolution« [Michael Zeuske]; August 1962.
RECHTS Der kubanisch-französische Maler Wifredo Lam, 1965.

Nicolás Guillén, Schriftsteller, Dichter und erster Vorsitzender des kubanischen Künstler- und Schriftstellerverbandes (Unión Nacional de Escritores y Artistas de Cuba, UNEAC), hält in seinem Werk die afrokubanischen Traditionen seines Landes fest; 1966.

Filmemacher Tomás Gutiérrez Alea empfängt auf dem XV. Internationalen Filmfestival Karlovy Vary von Professor Antonín Martin Brousil den Sonderpreis für seinen Film *Der Tod eines Bürokraten*; 1966.

Eine Vorstellung des Kubanischen National-
balletts für die Teilnehmer der ersten Trikonti-
nentale-Konferenz; Havanna, Januar 1966.

Alicia Alonso, Primaballerina des Kubanischen Nationalballetts, in einer Aufführung der Oper *Carmen* von Georges Bizet; 1968.

OBEN Haydee Santamaria mit Armando Hart und Melva Hernandez. Die prestigereiche Casa de las Américas (Haus der Amerikas) wird unmittelbar nach der Revolution 1959 von Haydee Santamaria gegründet und bis zu ihrem Tod geleitet. Das Kulturinstitut folgt der selbstgestellten Aufgabe, den kulturellen Austausch zwischen Lateinamerika, der Karibik und der übrigen Welt voranzubringen. UNTEN Haydee Santamaria während einer Veranstaltung in der Casa de las Américas; 1967.

Die Liedermacher Pablo Milanés und Noel Nicola bei einem Festival der *Nuevo Trova*, der Bewegung des Protestliedes, in der Casa de las Américas; Februar 1968.

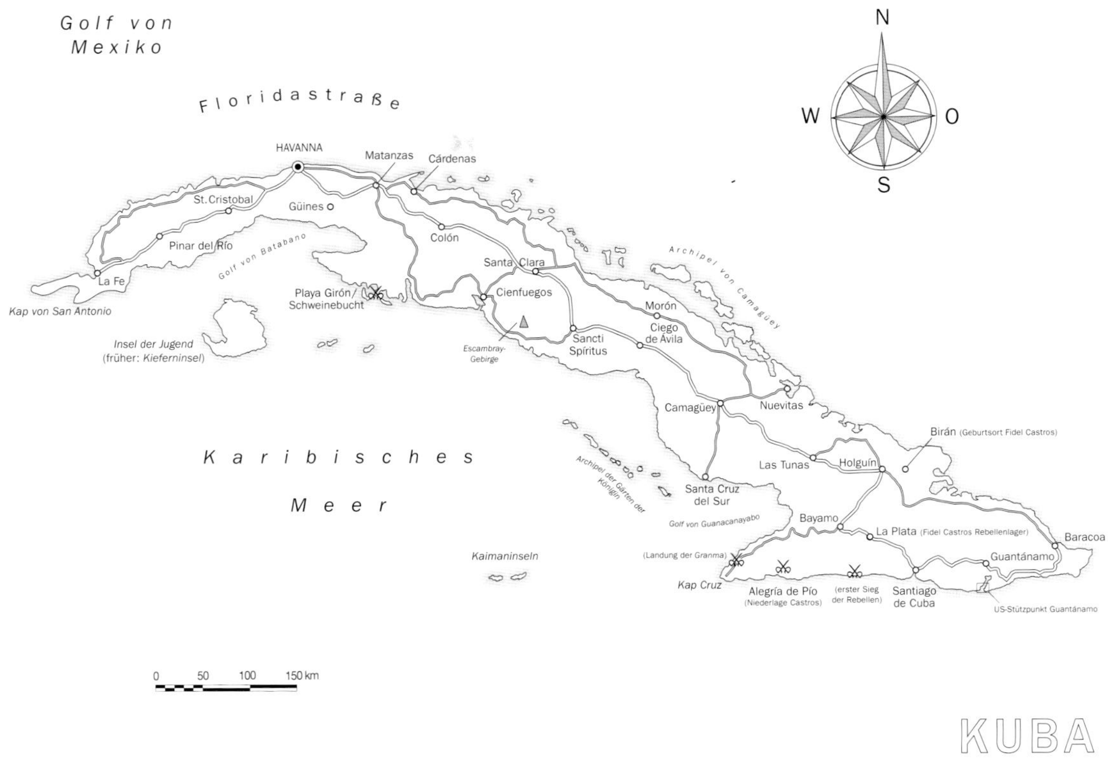

Golf von Mexiko
Floridastraße
N
W
O
S
HAVANNA
Matanzas
Cárdenas
St. Cristobal
Güines
Pinar del Río
Colón
Golf von Batabano
Archipel von Camagüey
Santa Clara
La Fe
Kap von San Antonio
Playa Girón/ Schweinebucht
Cienfuegos
Morón
Ciego de Avila
Sancti Spíritus
Escambray-Gebirge
Insel der Jugend (früher: Kieferninsel)
Camagüey
Nuevitas
Birán (Geburtsort Fidel Castros)
Las Tunas
Holguín
Karibisches Meer
Archipel der Gärten der Königin
Santa Cruz del Sur
Golf von Guanacanayabo
Bayamo
La Plata (Fidel Castros Rebellenlager)
Baracoa
Kaimaninseln
(Landung der Granma)
Guantánamo
Kap Cruz
Alegría de Pío (Niederlage Castros)
(erster Sieg der Rebellen)
Santiago de Cuba
US-Stützpunkt Guantánamo
0 50 100 150 km
KUBA

ANHANG

ZEITTAFEL

1. JANUAR 1959 Angesichts der militärischen Niederlage flüchtet der Diktator Fulgencio Batista aus Kuba. Die Rebellen übernehmen die Macht.

8. JANUAR 1959 Fidel Castro zieht siegreich in Havanna ein. Die Revolutionäre Regierung, unter dem Vorsitz des Richters Manuel Urrutia und dem Anwalt José Miró Cardona als Premierminister, wird offiziell errichtet. Fidel Castro übernimmt den Posten des *Comandante en Jefe*, des Oberbefehlshabers über die Revolutionären Streitkräfte.

23.–27. JANUAR 1959 Fidel Castro besucht Venezuela. Mehr als 300 000 Venezolaner versammeln sich auf der Plaza del Silencio in Caracas, um ihm zuzujubeln und seine Rede zu hören.

16. FEBRUAR 1959 Fidel Castro übernimmt den Posten des Premierministers der Revolutionären Regierung.

15.–27. APRIL 1959 Fidel Castro reist auf Einladung des Nordamerikanischen Verbandes der Zeitungsverleger durch die Vereinigten Staaten. In New York hören 35 000 Menschen im Central Park seine Rede. Am 19. April trifft Castro US-Vizepräsident Richard M. Nixon.

17. MAI 1959 Als Teil des Moncada-Programms wird die Agrarreform auf Kuba umgesetzt.

21. OKTOBER 1959 Zwei US-amerikanische Flugzeuge eröffnen das Feuer auf Havannas Straßen. Bei dem Angriff werden zwei Menschen getötet und 50 weitere verletzt.

28. OKTOBER 1959 Nachdem er ein Komplott von Huber Matos gegen die Revolution vereitelt hat, verschwindet Camilo Cienfuegos mit seinem Sportflugzeug auf dem Rückweg nach Havanna spurlos über dem Meer.

ENDE OKTOBER 1959 US-Präsident Dwight D. Eisenhower genehmigt ein vom Außenministerium und der CIA entwickeltes Programm verdeckter Aktionen gegen Kuba, das geheime Luft- und Seeangriffe sowie die direkte Anwerbung und Unterstützung konterrevolutionärer Gruppierungen auf Kuba vorsieht.

26. NOVEMBER 1959 Che Guevara wird zum Präsidenten der Kubanischen Nationalbank ernannt.

11. DEZEMBER 1959 Präsident Eisenhower genehmigt einen von der CIA erarbeiteten Plan, der »den Sturz Castros innerhalb eines Jahres und dessen Ersetzung durch eine proamerikanische Junta« vorsieht. Neben anderen Maßnahmen besteht der Aktionsplan aus »heimlichen Radioattacken« (internen Interferenzen mit kubanischem Radio und Fernsehen), der Unterstützung »proamerikanischer oppositioneller Gruppen«, damit diese »einen selbst kontrollierten Raum innerhalb Kubas schaffen«, und der Eliminierung Fidel Castros.

FEBRUAR 1960 Der sowjetische Vizepremierminister Anastas Mikoyan besucht Kuba. Die UdSSR gewährt Kuba einen Kredit in Höhe von 100 Millionen US-Dollar und unterzeichnet einen Vertrag zum Kauf von Zucker im Austausch gegen Erdöl.

FEBRUAR–MÄRZ 1960 Die französischen Philosophen Jean-Paul Sartre und Simone de Beauvoir besuchen Kuba und treffen Fidel Castro. Sie wohnen im berühmten Hotel *Nacional de la Habana* und treffen ebenso auf Che Guevara.

MÄRZ 1960 Präsident Eisenhower und sein Staatssekretär Foster Dulles eröffnen einen dritten Aktionsplan, die Operation »Pluto«, gegen Kuba. Der Plan beinhaltet die Gründung einer paramilitärischen Einheit, bestehend aus Exilkubanern, um Fidel Castro mit Waffengewalt zu stürzen und ihn durch einen »moderaten Machthaber« zu ersetzen.

4. MÄRZ 1960 Das französische Dampfschiff *La Coubre*, das Kriegsausrüstung mitführt, explodiert im Hafen Havannas aufgrund eines Sabotageaktes, wie von offizieller Seite Kubas behauptet wird, obwohl nie Beweise gefunden werden. 101 Menschen (darunter sechs französische Seemänner) sterben, mehr als 200 werden verletzt.

5. MÄRZ 1960 Während einer Massendemonstration gegen das Attentat des Vortages in Havanna macht der kubanische Fotograf Alberto »Korda« Gutiérrez das berühmt gewordene Foto von Che Guevara und schafft damit die Figur vom unsterblichen »heroischen Guerillero«. Am 16. April 1961, am Vortag der Invasion in der Schweinebucht, erscheint das Foto zum ersten Mal in der Zeitung *Revolución*, doch erst nach dem Tod Guevaras 1967 sollte es seinen globalen Siegeszug antreten.

8. MAI 1960 Die diplomatischen Beziehungen zur Sowjetunion werden wieder aufgenommen, nachdem Batista diese 1952 eingestellt hatte.

29. JUNI 1960 Kuba besetzt die Ölraffinerien der Texas Oil Company, der Shell und der ESSO Standard Oil, nachdem deren Führungskräfte sich geweigert hatten, sowjetisches Öl zu verarbeiten.

JULI 1960 Die UdSSR zieht ihre Berater aus China ab und unterbricht die Unterstützung für Peking. Beginn des chinesisch-sowjetischen Zerwürfnisses.

6. JULI 1960 Präsident Eisenhower verabschiedet ein Gesetz, das den Import kubanischen Zuckers verbietet. Dies ist der erste bedeutende Schritt im US-amerikanischen Wirtschaftskrieg gegen Kuba.

6. AUGUST 1960 Fidel Castro verkündet die Verstaatlichung von nordamerikanischen Ölraffinerien, Zuckerplantagen, Elektrizitätswerken und Telefongesellschaften.

2. SEPTEMBER 1960 Erste Deklaration von Havanna, begleitet durch eine Massendemonstration auf der Plaza de la Revolución »Die nationale Generalversammlung Kubas verurteilt die Ausbeutung des Menschen durch den Menschen und die Ausbeutung der unterentwickelten Länder durch imperialistisches Finanzkapital.«

9. SEPTEMBER 1960 Im New Yorker Hotel *Teresa* werden mindestens acht Mordkomplotts gegen Fidel Castro aufgedeckt.

26. SEPTEMBER 1960 Rede Fidel Castros vor der Generalversammlung der Vereinten Nationen in New York: »Hört mit der Politik der Ausbeutung auf, und auch die Politik des Krieges wird aufhören!« Dem Guinnessbuch der Rekorde zufolge ist dies die längste jemals vor der UNO gehaltene Rede eines Staatsoberhauptes: vier Stunden und 29 Minuten. In New York wohnt Fidel in einen Harlemer Hotel, in welchem er Treffen mit dem ägyptischen Präsidenten Gamal Abdel Nasser, dem indischen Premierminister Jawaharlal Nehru, dem schwarzen Anführer der Bürgerrechtsbewegung Malcolm X und dem sowjetischen Premierminister Nikita Chruschtschow, den er zum ersten Mal trifft, abhält.

28. SEPTEMBER 1960 Gründung der Komitees zur Verteidigung der Revolution (CDR).

13. OKTOBER 1960 Die größten Banken Kubas und 105 Zuckerbetriebe werden verstaatlicht.

14. OKTOBER 1960 Die Revolutionäre Regierung Kubas verabschiedet das Urbane Reformgesetz.

30. OKTOBER 1960 Washington verbietet sämtliche Exporte nach Kuba, mit Ausnahme von Nahrungsmitteln und Medikamenten.

NOVEMBER 1960 Die Operation »Peter Pan« beginnt. Die geheime Verbringung 14 000 kubanischer Kinder in die Vereinigten Staaten, von Gegnern der Revolution organisiert, findet nach einer intensiven Propagandaaktion statt, die über den angeblichen Entzug des Sorgerechts der Eltern durch die kubanische Regierung mutmaßt.

16. DEZEMBER 1960 Präsident Eisenhower reduziert den Import kubanischen Zuckers auf null.

3. JANUAR 1961 Die Vereinigten Staaten brechen ihre diplomatischen Beziehungen zu Kuba ab und schließen ihre Botschaft in Havanna.

11. JANUAR 1961 In Kuba beginnt die landesweite Alphabetisierungskampagne.

20. JANUAR 1961 Amtseinführung des neuen US-Präsidenten John F. Kennedy in Washington.

21. FEBRUAR 1961 Che Guevara wird zum Leiter der Industrieabteilung des kubanischen Instituts für Agrarreform (INRA), dem Vorläufer des kubanischen Industrieministeriums, ernannt.

13. MÄRZ 1961 Als Teil eines US-amerikanischen Sabotage- und Attentatsprogramms wird die Ölraffinerie Hermanos Díaz in Santiago de Cuba von einem Piratenschiff angegriffen. Dabei kommt eine Person ums Leben und mehrere werden verletzt.

13. MÄRZ 1961 US-Präsident Kennedy schlägt den lateinamerikanischen Staaten in Washington die Bildung einer Allianz für den Fortschritt, als Alternative zur Kubanischen Revolution, vor.

12. APRIL 1961 Der sowjetische Kosmonaut Juri Gagarin umrundet an Bord der *Wostok 1*, erbaut vom sowjetischen Ingenieur Sergei Koroljow, als erster Mensch die Erde.

13. APRIL 1961 Ein Brandanschlag von CIA-Agenten zerstört das Kaufhaus *El Encanto* und fordert ein Todesopfer sowie mehrere Verletzte.

15. APRIL 1961 Bombardements der kubanischen Militärflughäfen in San Antonio de los Baños, Columbia und Santiago de Cuba durch Flugzeuge mit gefälschten kubanischen Hoheitszeichen, die in zentralamerikanischen CIA-Camps gestartet sind. Acht Menschen kommen bei den von kubanischen und US-amerikanischen Söldnern ausgeführten Angriffen ums Leben.

16. APRIL 1961 Auf der Begräbnisfeier der Opfer vom Vortag warnt Fidel Castro vor einer bevorstehenden Invasion und erklärt die Kubanische zur sozialistischen Revolution: »Dies ist die sozialistische und demokratische Revolution der Armen, von den Armen und für die Armen«.

17. APRIL 1961 Circa 1500 kubanische Konterrevolutionäre, organisiert, ausgebildet und ausgerüstet von der CIA, landen an den Stränden der Playa Girón und der Playa Larga in der Schweinebucht. In weniger als 72 Stunden werden sie besiegt und mehr als 1200 von ihnen gefangen genommen. Später werden sie gegen Medikamente und Nahrungsmittel im Wert von 53 Millionen US-Dollar ausgetauscht. Eingriffsbereite US-amerikanische Marineeinheiten verbleiben während dieser drei Tage in Gewässern nahe der Schweinebucht.

28. MAI 1961 Ein terroristisches Attentat auf das Riego-Kino in Pinar del Río während einer Kindervorführung verursacht Dutzende Verletzte.

30. JUNI 1961 Fidel Castro spricht seine »Worte an die Intellektuellen«, die die kulturelle Linie der kubanischen Regierung vorgeben: »Innerhalb der Revolution, alles; entgegen der Revolution, nichts (...), weil die Revolution auch ihre Rechte hat und das erste Recht der Revolution ist ihr Existenzrecht.«

JULI 1961 Die Integrierten Revolutionären Organisationen (ORI) werden gebildet. Sie vereinigen die »Bewegung des 26. Juli« mit Blas Rocas Sozialistischer Volkspartei (PSP) und Faure Chomóns »Revolutionärem Direktorium des 13. März«. Der ehemalige Führer der PSP Aníbal Escalante wird zum Generalsekretär ernannt.

22. DEZEMBER 1961 Im Rahmen der nationalen Alphabetisierungskampagne erklärt sich Kuba als »vom Analphabetismus befreites Territorium«.

22. JANUAR 1962 Auf Antrag der Vereinigten Staaten wird Kuba aus der Organisation Amerikanischer Staaten (OAS) ausgeschlossen.

3. FEBRUAR 1962 Präsident Kennedy verhängt ein totales Wirtschaftsembargo gegen Kuba mit dem Ziel, Kuba wirtschaftlich zu isolieren und den Missmut der Bevölkerung zu schüren. Das Embargo wird über die Jahre zur totalen Blockade ausgebaut, die bis heute andauert.

4. FEBRUAR 1962 Zweite Deklaration von Havanna, unter Zustimmung von mehr als einer Million Kubaner auf der Plaza de la Revolución in Havanna »Die Pflicht eines jeden Revolutionärs ist es, die Revolution zu machen.«

7. FEBRUAR 1962 Washington verbietet sämtliche Importe aus Kuba.

12. MÄRZ 1962 Verabschiedung des Gesetzes 1015 der Revolutionären Regierung zur gerechten Verteilung der Nahrungsmittel unter kubanischen Familien, in Abhängigkeit der landesweit verfügbaren Ressourcen. Die *Libreta* (Zuteilungsheft für rationierte Nahrungsmittel) wird eingeführt.

13. MÄRZ 1962 Fidel Castro klagt die Integrierten Revolutionären Organisationen (ORI) wegen »Sektierertums« in der Führungsebene öffentlich an. Aníbal Escalante wird seines Amtes enthoben.

14. MÄRZ 1962 Nach der gescheiterten Invasion in der Schweinebucht verabschiedet die Regierung Kennedy einen großflächig angelegten Geheimplan zur Durchführung von Operationen, die »Kuba helfen sollen, das kommunistische Regime zu stürzen«. Dieses Programm des schmutzigen Krieges wird unter dem Namen Operation »*Mongoose*« (»Mungo«-Operation) geführt und ist auch als »*The Cuban Project*« (»Kuba-Projekt«) bekannt. Die Operation, geführt von General Edward Landsdale, einem Spezialisten der Konteroffensive, umfasst mehr als 30 Pläne, von denen eine Vielzahl umgesetzt wird: Propagandaaktionen, Attentate gegen die kubanische Regierung und die kubanische Wirtschaft, der Einsatz von Spezialeinheiten der US-Armee *(Green Berets)* im kubanischen Inland, Zerstörung der Zuckerernte, Zerstörung von Fabriken, Verminung der Häfen, Mordanschläge auf die führenden Politiker, Bewaffnung der Oppositionellen und die flächendeckende Errichtung von Guerillastützpunkten, um eine Invasion Kubas im Oktober vorzubereiten.

26. MÄRZ 1962 Die Integrierten Revolutionären Organisationen (ORI) werden in Einheitspartei der Sozialistischen Revolution Kubas (PURSC) umbenannt.

22. OKTOBER 1962 Beginn der Kubakrise. Präsident Kennedy verordnet die Seeblockade Kubas, um den Abzug sowjetischer Nuklearraketen zu erzwingen. Die auf Gesuch der UdSSR und mit Einwilligung Kubas installierten Raketen dienen der Vereitelung weiterer Angriffspläne der Vereinigten Staaten gegenüber Kuba. Nach einigen Tagen und ohne die kubanischen Behörden zu unterrichten, die mit der Geheimhaltung der Verhandlungen nicht einverstanden sind, stimmt Moskau dem Abzug der Raketen zu. In vertraulicher Absprache versichert Kennedy, Kuba nicht anzugreifen.

23. DEZEMBER 1962 Das Handelsschiff *African Pilot* läuft in den Hafen Havannas ein. Es befördert einen Teil der von Kuba geforderten Reparationen für die durch die Invasion in der Schweinebucht entstandenen Material- und Personenschäden. Die gefangen genommenen Eindringlinge, die von der kubanischen Gerichtsbarkeit verurteilt wurden, werden den Vereinigten Staaten übergeben.

27. APRIL–3. JUNI 1963 Erster Staatsbesuch Fidel Castros in der Sowjetunion.

6. AUGUST 1963 Tod von Castros Mutter, Lina Ruz González.

28. AUGUST 1963 Nach einer Demonstration gegen Rassismus hält der Bürgerrechtler und Baptistenpastor Martin Luther King in Washington vor 250 000 Menschen seine berühmt gewordene Rede »I have a dream«.

OKTOBER 1963 Auf Anfrage des algerischen Präsidenten Ahmed Ben Bella schickt Kuba ein Bataillon von zweiundzwanzig Panzern und mehrere Hundert Soldaten unter Führung des Kommandanten Efigenio Ameijeiras nach Algerien, um die algerischen Truppen bei der Abwehr der marokkanischen Offensive in der Provinz Tinduf zu unterstützen. Es ist der erste internationale Militäreinsatz Kubas in Afrika.

4. OKTOBER 1963 Der Zyklon Flora verwüstet die Ostküste Kubas mit katastrophalen Auswirkungen für die Bevölkerung und die kubanische Wirtschaft. Fidel Castro erklärt: »Eine Revolution ist gewaltiger als die Natur.«

22. NOVEMBER 1963 Ermordung des US-Präsidenten John F. Kennedy in Dallas, Texas. Kennedy hatte zuletzt die Möglichkeit einer Wiederannäherung an Kuba erwogen.

1. APRIL 1964 Durch einen Militärputsch wird der sozialreformistische brasilianische Präsident João Goulart gestürzt. Dieser hatte zuvor eine Agrarreform, die staatliche Kontrolle des Geldwechsels und weitere Maßnahmen zur Stärkung der Staatssouveränität beschlossen.

3. APRIL 1964 Kuba zieht sich aus dem Internationalen Währungsfonds (IWF) zurück.

14. OKTOBER 1964 In Moskau wird Parteichef Nikita Chruschtschow abgesetzt. Leonid Breschnew wird zum neuen Ersten Sekretär der Kommunistischen Partei der UdSSR gewählt.

3. NOVEMBER 1964 Staatsstreich in Bolivien durch die Generäle Barrientos und Ovando. Bolivien tritt damit in eine Periode der Militärdiktaturen ein, die insgesamt achtzehn Jahre andauern wird.

21. FEBRUAR 1965 In Harlem, New York, wird der Anführer der afroamerikanischen Bürgerrechtsbewegung, Malcolm X, der sich am 9. September 1960 mit Fidel Castro getroffen hatte, ermordet.

22.–27. FEBRUAR 1965 Afroasiatische Konferenz in Algier. Rede Che Guevaras.

APRIL 1965 In einem offiziellen Brief an Fidel Castro, der im Oktober veröffentlicht wird, verabschiedet sich Che Guevara von Kuba und geht unter Geheimhaltung nach Afrika, um die Guerillagruppen im Kongo zu unterstützen: »Andere Länder rufen nach meinen bescheidenen Bemühungen.«

28. APRIL 1965 Soldaten der US-Marineinfanterie landen in der Dominikanischen Republik, um die proreformistischen *Constitucionalista*-Truppen, angeführt von Oberst Francisco Caamaño, zu bekämpfen. Diese unterstützen die Rückkehr des reformistischen Expräsidenten Juan Bosch. »Wir werden kein weiteres Kuba in der Karibik zulassen«, erklärt der amtierende US-Präsident Lyndon B. Johnson.

OKTOBER 1965 »Erste Migrationskrise«: Der Hafen von Camarioca wird bereitgestellt, um die Auswanderung kubanischer Staatsbürger in die Vereinigten Staaten zu erleichtern.

3. OKTOBER 1965 Die Kommunistische Partei Kubas (PCC) wird gegründet. Fidel Castro wird zum Ersten Sekretär des Zentralkomitees gewählt. Während des Gründungsaktes erklärt Castro die Abwesenheit Che Guevaras und verliest seinen Abschiedsbrief. Castro kündigt darüber hinaus das Aufgehen der Zeitungen *Revolución* und *Hoy*, der respektiven Sprachorgane der »Bewegung des 26. Juli« und der Sozialistischen Volkspartei (PSP), in die neue Zeitung der Kommunistischen Partei Kubas, *Granma,* an.

29. OKTOBER 1965 In Paris wird der marokkanische Sozialistenführer Mehdi Ben Barka, Regimegegner von Hassan II. und beauftragter Organisator der Ersten Trikontinentale-Konferenz in Havanna, entführt und ermordet.

JANUAR 1966 Die Trikontinentale-Konferenz in Havanna vereint Unabhängigkeitsbewegungen aus mehr als siebzig Ländern Asiens, Afrikas und Lateinamerikas.

15. FEBRUAR 1966 In San Vicente, Kolumbien, wird der Guerillapriester Camilo Torres von kolumbianischen Militärs erschossen.

16. MAI 1966 In China beginnt die »Kulturrevolution«.

2. NOVEMBER 1966 Der Kongress der Vereinigten Staaten beschließt den Cuban Adjustment Act (Regulierungsgesetz), ein Gesetz, das bis heute in Kraft ist. Indem den auf illegalem Weg in die USA gelangten Kubanern außergewöhnliche Privilegien gewährt werden, befördert das Gesetz die illegale Emigration und ist bis heute die Ursache für eine Unzahl von Todesopfern.

25. APRIL 1967 In Bolivien wird Régis Debray vom Militär gefasst.

9. OKTOBER 1967 Che Guevara wird ermordet, nachdem er im Kampf vom bolivianischen Militär gefangen genommen wurde, als er eine Guerillabewegung anführte.

18. OKTOBER 1967 Fidel Castro verkündet dem kubanischen Volk den Tod Che Guevaras.

17. NOVEMBER 1967 Regís Debray wird in Camiri, Bolivien, zu dreißig Jahren Gefängnishaft verurteilt und kommt erst 1970 nach einer internationalen Kampagne frei.

JANUAR 1968 Aníbal Escalante und weitere fünfunddreißig Mitglieder der »prosowjetischen Mikrofraktion« werden in Havanna vor Gericht gestellt.

MÄRZ 1968 Die kubanische Regierung enteignet mit Ausnahme kleineren Agrarbesitzes den gesamten Privatbesitz auf der Insel.

4. APRIL 1968 In Memphis, Tennessee, wird Martin Luther King auf dem Balkon des Lorraine Motels von einem Rassisten ermordet, als er einen Demonstrationszug zur Unterstützung der lokal ansässigen afroamerikanischen Arbeitergewerkschaft vorbereitet.

20. APRIL 1968 Pierre Elliott Trudeau wird Premierminister Kanadas. Der neu gewählte Präsident nimmt persönliche Verhandlungen mit Fidel Castro auf.

MAI 1968 Weltweite Studentenproteste gegen die kapitalistische Gesellschaftsordnung des Westens. In Deutschland, Frankreich, Italien und im US-Bundesstaat Kalifornien fordern Zehntausende junger Menschen, die häufig Poster mit dem Konterfei Che Guevaras mitführen, Veränderungen des politischen Systems und der Lebensverhältnisse.

5. JUNI 1968 In Los Angeles, Kalifornien, in der Küche des Hotels *Ambassador*, wird Senator Robert F. Kennedy ermordet.

21. AUGUST 1968 Warschauer-Pakt-Truppen marschieren auf Geheiß der UdSSR in der Tschechoslowakei ein und beenden den »Prager Frühling«. China protestiert gegen die Invasion. In einer Rede am 23. August stimmt Fidel Castro der Intervention unter einigen Vorbehalten zu.

20. JANUAR 1969 In Washington wird Richard M. Nixon ins Präsidentenamt eingeführt.

1. FEBRUAR 1969 Im Nahen Osten wird Jassir Arafat Vorsitzender der Palästinensischen Befreiungsorganisation (PLO).

1. SEPTEMBER 1969 In Libyen stürzt Oberst Muammar al-Gaddafi König Idriss und wird neuer Machthaber.

14. OKTOBER 1969 In Schweden wird der Sozialdemokrat Olof Palme zum Premierminister gewählt. Dieser nimmt Verhandlungen mit Kuba und Fidel Castro auf.

21. OKTOBER 1969 Willy Brandt (SPD) wird Kanzler der Bundesrepublik Deutschland. Er nimmt ebenfalls Verhandlungen mit Kuba und Fidel Castro auf.

18. MAI 1970 Auf Kuba wird bekanntgegeben, dass das Jahresziel der Zuckerrohrernte von zehn Millionen Tonnen nicht erreicht wurde.

WEITERFÜHRENDE LITERATUR

Castro, Fidel (mit Ignacio Ramonet): *Mein Leben*. Berlin 2008.

Falckenberg, Harald (Hrsg.): *Kuba. Bilder einer Revolution*. Berlin 2008.

Greiner, Bernd: *Die Kuba-Krise. Die Welt an der Schwelle zum Atomkrieg*. München 2010.

Grote, Bettina: *Zwischen Heldenkult und Marginalisierung. Kleinbauern und Genossenschaften in Kuba 1940–1963*. Norderstedt 2004.

Ernesto Che Guevara: *Bolivianisches Tagebuch*. Köln 2008.

Gutman, Jorge Castañeda: *Che Guevara. Biographie*. Frankfurt a. M. 2003.

Korda, Alberto (hrsg. von Christina Vives und Mark Sanders): *A Revolutionary Lens*. Göttingen 2007.

Koenen, Gerd: *Traumpfade der Weltrevolution. Das Guevara-Projekt*. Köln 2008.

Loviny, Christophe (Hrsg.): *Korda sieht Kuba*. München 2003.

Salas, Osvaldo (mit Roberto Salas, hrsg. von Doug Smith und Ted Anderson): *Kuba. Eine Revolution in Bildern*. Berlin 1999.

Skierka, Volker: *Fidel Castro. Eine Biographie*. Reinbek 2002.

Zeuske, Michael: *Insel der Extreme. Kuba im 20. Jahrhundert*. Zürich 2004.

DIE AUTOREN

HARALD NEUBER ist Deutschland-Korrespondent der 1959 gegründeten kubanischen Nachrichtenagentur *Prensa Latina*. Der gebürtige Aachener studierte Latein- und Altamerikanistik an der Freien Universität Berlin und arbeitet heute für Medien in Deutschland, Südeuropa und Lateinamerika.

Harald Neuber war auf dem Balkan, in Pakistan und Afghanistan, im Irak und in Jordanien und Kolumbien als Krisenberichterstatter tätig. Neben internationalen Konflikten befasst er sich schwerpunktmäßig mit Lateinamerika, lebte und arbeitete in Mexiko, Kuba und Venezuela.

MICHAEL ZEUSKE ist Professor für iberische und lateinamerikanische Geschichte der Universität zu Köln. Nach dem Studium der Philosophie und Geschichte in Leipzig mit Schwerpunkt der Geschichte Spaniens und Lateinamerikas und der Promotion 1984 war er eben dort ab 1992 Professor für Vergleichende Geschichte und Geschichte Ibero-Amerikas, bevor er 1993 dem Ruf nach Köln folgte.

Michael Zeuske ist einer der renommiertesten Historiker der Geschichte Lateinamerikas, des Atlantiks, der Sklaven und Sklavenhändler sowie der Geschichte Kubas, Venezuelas und der Karibik. Er lebte ab 1963 einige Jahre auf Kuba, als sein Vater dort als Berater im Bildungswesen tätig war.

DANKSAGUNG

VIELFACHER DANK gebührt der Agentur *Prensa Latina*, namentlich Alexis Dumios Gutierrez, Tamara Gispert Galindo, Elys Nora López López, Angela Medel Fonseca, Anneris Meireles Aguilar, Dortys Peñafuerte Travieso, Idalmis Perez Piñero, Yovany Quiñones Oceguera, Iraida Rubí Lorenzo sowie Yasmina Tapia González, für ihre unermüdliche und stets freundliche Zusammenarbeit, ohne die dieses Buch nicht zustande gekommen wäre. Außerdem danke ich Katerina Neuber für die umsichtige Korrektur der Druckfahnen.

ISBN 978-3-86789-129-5

1. Auflage

Umschlaggestaltung: Buchgut, Berlin
Umschlagabbildung: Prensa Latina
Druck und Bindung: CS-Druck, Berlin

Ein Verlagsverzeichnis schicken wir Ihnen gern:
Rotbuch Verlag GmbH
Neue Grünstraße 18
10179 Berlin
Tel. 01805/30 99 99
(0,14 Euro/Min., Mobil max. 0,42 Euro/Min.)

www.rotbuch.de